Hermann Brem

Herr Brem geht in die

Hermann Brem

HERR BREM GEHT IN DIE POLITIK

TAG &
NACHT

Verlagsgruppe Random House FSC-DEU-0100
Das für dieses Buch verwendete FSC®-zertifizierte
Papier *Super Snowbright* liefert
Hellefoss AS, Hokksund, Norwegen.

1. Auflage
Copyright © 2012 by Tag & Nacht, Köln,
in der Verlagsgruppe Random House GmbH
Dieses Buchprojekt wurde vermittelt durch die
Arrowsmith Agency, Hamburg.
Satz: Greiner & Reichel, Köln
Druck und Bindung: GGP Media GmbH, Pößneck
Printed in Germany
ISBN 978-3-442-83009-1

www.tagundnacht-verlag.de

*In Erinnerung
an Ursula Koch
(1923–2012)*

WAS FÜR EIN JAHR!
Vom Fluss der Zeit oder:
So etwas wie ein Vorwort

Gehören Sie auch zu den Menschen, die gerne mal zurückblicken auf den Fluss der Zeit in einem Lebens-, einem Kalenderjahr? Mit Vorliebe zum Jahreswechsel? Und, wissen Sie noch, was Sie im Jahr 2009 unternommen haben? Wie oft Sie damals verreist sind und wo Sie Urlaub gemacht haben? Mit wem Sie welche Filme im Kino angesehen haben? Mit wem Sie Geburtstag gefeiert haben? Bei wie vielen Abendessen Sie wo mit Ihren Freunden geplaudert und gelacht haben? Wundern Sie sich nicht auch immer wieder, was so alles an Erlebnissen in ein Jahr passt, was für ein breiter – oder reißender – Fluss so ein einziges Lebensjahr sein kann?

Jetzt sitzen Sie jedenfalls – hoffentlich entspannt – gleichsam an einem Ufer und betrachten den Zeitenfluss im Leben von jemand anderem: von mir. Sie betrachten einen Fluss, der seit vielen Jahren schon immer recht flott durch mein Leben rann. Aber 2009 wurde – um im Bild zu bleiben – aus dieser Isar, die zu Beginn noch gewohnt munter durchs Land geflossen ist, zunehmend ein Rhein, der Hochwasser führte und gelegentlich übers Ufer trat ...

Doch lassen Sie uns ganz von vorne beginnen und 2009 zunächst im Zeitraffer betrachten. In diesem Jahr fanden statt: Mein Privatleben. Mein Arbeitsalltag. Meine Ehrenämter im Sportbereich.

In diesen 365 Tage verrannen etwa 2070 Stunden im Büro: mit Bewerbungs- und Personalgesprächen, mit Organisieren und Improvisieren, mit Tausenden von E-Mails, die gelesen oder geschrieben werden mussten, mit Aufträgen an Schreiner, Elektriker und EDV-Administratoren, mit kleinen und großen Krisengesprächen, mit monatlichen Controlling-Auswertungen, mit »diplomatischen« Aktivitäten gegenüber meinen Chefs und meinen Kollegen, Gremiensitzungen und Mitarbeiterversammlungen. Und mit vielem mehr, das den »ganz normalen Wahnsinn« im modernen bundesdeutschen Büroalltag ausmacht.

In diesem Jahr habe ich mehr als 40 Mal mit Freunden Geburtstag gefeiert, mich zehn Mal mit meinen Eltern getroffen und ab und an meine Schwester mit Familie. Ich war sicher 50 Mal mit Freunden zum Mittagessen und wohl jeden dritten Tag der Woche zum Abendessen verabredet.

Auch auf Kultur habe ich nicht verzichtet: an die zwei Dutzend Mal tauchte ich im Kino in das Leben fremder Filmfiguren und -handlungen ein. Ja, ich erlebte sogar »Madonna live« im Münchner Olympiastadion und ärgerte mich, dass wir dort zwei Stunden auf die Diva warten mussten, ohne dass eine Vorband uns die Zeit kurzweilig überbrückt hätte.

In diesem Jahr habe ich 30 Mal zwischen acht Uhr und neun Uhr morgens Schatzmeister-Unterschriften für die Sportjugend geleistet, an sechs Sitzungen des Münchner Sportbeirats teilgenommen und die Sitzungsprotokolle geschrieben (ich hasse es, Sitzungsprotokolle zu schreiben! Aber das ist nun mal der Job eines »Schriftführers« ...) und bei zehn Sitzungen der Städtischen Zuschusskommission die Probleme Münchner Sportvereine gelöst (hoffentlich!). Dazu diskutierte ich mir mindestens 20 Mal bei Vorstandsitzungen der Münchner Grünen stundenlang den Kopf heiß.

Dieses Jahr ließ mir wieder mal nur Zeit für kurze Städtereisen, also ging's an meine Lieblingsorte: Paris, Venedig, Salzburg.

Drei Mal war ich beim Zahnarzt, fünf Mal beim Arzt zum

Durchchecken, 13 Mal beim Friseur – auch so was muss schließlich sein.

Während dieses Jahres klingelte mein Wecker in aller Regel um sechs oder halb sieben, am Wochenende vielleicht mal um acht oder neun, und der Tag endete immer so kurz vor oder nach Mitternacht.

Das ist Ihnen jetzt schon »too much«? Das war ja noch nicht alles! Das ist lediglich die Normallast, mit der mein Akku läuft. Neben all dem, was ich vorher beschrieben habe, machte ich 2009 auch noch Bundestagswahlkampf für die Grünen! Zum »Standardprogramm« kamen für mich als Kandidat in diesem Jahr, von dem hier die Rede sein wird, also noch dazu: Interviews für Zeitungen während der Mittagspause (weil es anders terminlich nicht unterzukriegen war), abends, samstags und sonntags Infostände auf der Straße, Podiumsdiskussionen, Fragebogen und »Wahlprüfsteine« beantworten, E-Mails von Parteifreunden lesen, Parteifreunde treffen (auch das aus Terminnot, weil die Abende schon anderweitig verplant waren, sehr häufig während meiner 45-minütigen Mittagspausen), Neuigkeiten und Antworten an Parteifreunde verschicken, meine Wahlkampf-Homepage mit Text füllen und mindestens jeden zweiten Tag aktualisieren, auf Facebook posten, Wahlkampfauftritte vorbereiten, Informationen recherchieren, Flyer gestalten, Material zu Infoständen schleppen und vieles mehr.

Wenn Sie sich jetzt denken, so ein Leben wollten Sie nicht geschenkt haben, dann seien Sie versichert: viele von denen, die so ein Leben führen, eigentlich auch nicht. Sie tun es trotzdem. Forscher behaupten, dass, wenn jemand etwas mit Leidenschaft betreibt, ungeahnte Ressourcen freigesetzt werden. Wahrscheinlich ist das so. Was die Forscher vielleicht nicht so häufig schreiben: wie oft man nachts wach liegt, weil man nicht abschalten kann. Und wie oft man aus lauter Panik über das Zuviel an Terminen und Gedanken an allem zweifelt, alles

hinwerfen möchte, sich auf einer einsamen Insel verstecken möchte, ganz ohne Kommunikationsmittel. Gäbe es nicht immer wieder – oft ganz unerwartet – die schönen Erlebnisse, jene Momente, wo man das Gefühl hat, man hat für andere etwas Gutes erreichen können oder etwas Gutes zumindest auf den Weg gebracht, dann wären die vormals einsamen Inseln vielleicht längst massenhaft bevölkert von Polit-Aussteigern. Wie auch immer: Ich bin noch dabei, ich mache auch heute noch – und meistens sogar gerne! – Politik und bereite mich längst auf die nächsten Wahlen vor.

Mein Buch spannt den Bogen vom 14. Oktober 2008 bis ungefähr 27. September 2009 (eigentlich noch ein paar Wochen darüber hinaus, sozusagen bis in die »Nachwehen« des damaligen Wahlkampfes). Es beschreibt – aus meiner ganz persönlichen Sicht als Kandidat – das für mich sehr spannende Wahljahr 2009. Es »bebildert« gewissermaßen das pralle Erleben eines solchen Wahlkampfes, just am Vorabend der nächsten Bundestagswahl 2013, die im Alltag der Politik, in der Berichterstattung der Medien und vor allem auf der Agenda der Parteien längst unübersehbar ihre Schatten vorauswirft. Das Jahr, das so vor Ihrer aller Blicken wieder lebendig wird, erleichtert Ihnen hoffentlich, die Vorstellungen besser zu verstehen, die jetzt und auch in Zukunft wieder auf der Bühne der Parteiendemokratie aufgeführt werden.

KAPITEL 1
Das haben Sie jetzt davon!

Zweiter Weihnachtsfeiertag 2009: Was unternimmt man, wenn man sehr spontan zum Truthahnessen bei Schwägerin und Schwager eingeladen wird? Mindestens Blumen müssen sein! Aber die gibt's am Feiertag nur noch am Bahnhof. Auf meinem Weg mit der U-Bahn zum Münchner Hauptbahnhof spüre ich den Blick einer älteren, recht farbenfroh gekleideten Dame um die sechzig, die mich von der Seite her mustert. Der Blick lässt nicht nach, und ich beginne, mir Gedanken zu machen: Hat mein Mantel Flecken? Habe ich was im Gesicht? Stimmt sonst irgendetwas nicht? Auf einmal, ziemlich unvermittelt, fragt sie mich: »Kann es sein, dass ich Sie gewählt habe?« Damit habe ich nun wirklich nicht gerechnet, dass sich zwei Monate nach der Bundestagswahl noch jemand an mich als einen der vielen Kandidaten erinnern würde. Dass man sich an eine plakatierte Claudia Roth oder an andere Prominente ihrer jeweiligen Parteien erinnern würde, okay. Aber an mich? Ich antworte meiner Wählerin jedenfalls geschmeichelt: »Ja, das kann gut sein.« In diesem Moment fahren wir auch schon in die Haltestelle ein, die Tür geht auf, und die Unbekannte ruft mir nur noch ein lapidares »Das haben Sie jetzt davon!« zu. Ist das jetzt nett gemeint? Oder eher nicht? Offenbar kann man mit so einem Satz ein Jahr Wahlkampf auf den Punkt bringen.

Der Moment, an dem man – quasi über Nacht – »der vom Plakat« wird, ist ein großer Schritt. Auch wenn man sich vorher schon sein halbes Leben lang ehrenamtlich und politisch engagiert hat, dann ist das doch nicht vergleichbar. Auch wenn man noch so ausdauernd die Plakate *anderer* Kandidaten geklebt hat oder sich für *andere* und ganz allgemein für die Partei an Infoständen die Beine in den Bauch gestanden hat: Bis da eines Tages *dein* Plakat mit *deinem* Konterfei und *deinem* Namen an Straßenecken, auf Gehwegen und an Plätzen steht, hast du Politik höchstens im viel zitierten »Hinterzimmer« betrieben. Sobald du aber dann in den Orbit sichtbarer, öffentlicher Wahrnehmung eintrittst, passiert oft Unerwartetes. Da melden sich unvermutet Menschen, die du 30 Jahre nicht mehr gesehen hast, aus irgendeinem Winkel der Welt. Oder du bekommst Briefe mit der Bitte um eine Autogrammkarte. Oder du wirst – als seist du eine Art Heilsbringer – gebeten, bei Bewerbungen zu helfen. Oder du wirst ständig von Menschen gegrüßt, die zwar dich vom Plakat her kennen, aber die du selbst nie persönlich kennengelernt hast. Die Veränderung seither bemerke ich vor allem in meinem privaten Freundeskreis. Vorher wussten zwar alle, dass ich in verschiedenen Ehrenämtern engagiert bin, aber seit meinem Wahlkampf 2009 werde ich häufig mit einem süffisanten »Hier kommt die Politprominenz« begrüßt. Mir selbst wäre nie eingefallen, mich wegen einer Kandidatur oder ein paar Plakaten als »prominent« zu bezeichnen. Auch nicht als »Politiker«, denn ein »Politiker« ist für mich jemand, dessen Beruf die Politik ist, der für seine politische Arbeit bezahlt wird. Und nicht schon jemand, der mal für eine Partei kandidiert hat. Dass die meisten Menschen das anders sehen, musste ich mit meiner Kandidatur, mit meinem »Öffentlich-Werden« für die Grünen lernen. Für die meisten Menschen ist es eben doch etwas Außergewöhnliches, sein Bild und seinen Namen derart öffentlich zu machen. Was immer seither Freunden von mir bei den Grünen nicht passt, wann immer irgendein grüner Politiker etwas sagt – ich kann sicher sein, dass ich prompt darauf angesprochen und in Mithaftung genommen werde. Sobald du

Kandidat warst, bist du für die Öffentlichkeit eben mehr als nur ein Parteimitglied, du verkörperst deine Partei.

Aber wie fängt das eigentlich überhaupt alles an? Wie kommt man zur Politik? Gibt es so etwas wie ein politisches Gen? Oder sind Einzelne nur besonders ehrgeizig und eitel? Ist politische Karriere planbar? Bei mir fing es ja schon an während des Studiums, bei einem Studentenverband und in der Parteijugend, wahrscheinlich sogar schon vorher als Klassen- und Schülersprecher. »Typisch!«, werden Sie jetzt sagen. »Liest sich doch wie der Anfang einer klassischen Politiker-Vita.« Aber: Ein ganz so typischer Fall ist meine »Laufbahn« nicht. Dafür ist sie voller Zufälle, gespickt mit Momenten des Erfolgs und des Scheiterns, mit Höhen und Tiefen. Zeitweise zog sich eine Art roter Faden durch mein politisches Engagement, zeitweise holperte es mit Brüchen vor sich hin. Mal verlief alles rasant, mal wie in Zeitlupe.

Während ich mich also für Sie an meinen ersten persönlichen Wahlkampf zum Bundestag 2009 erinnere, fällt mir so manches ein, das ich lieber vergessen hätte. Aber es hilft nichts: entweder ganz oder gar nicht. Also, begleiten Sie mich! Erleben Sie Wahlkampf mal aus der Innenansicht statt nur als Wähler! Werfen Sie einen Blick ins Innenleben unserer Demokratie, dorthin, wo politische Karrieren geschaffen oder vorzeitig beendet werden. Es ist wahrscheinlich nicht alles schön, was Sie auf diesem Weg miterleben werden. Sie werden Zeugen von Eitelkeiten werden, von Peinlichkeiten, von unerwarteten Entscheidungen. Sie werden sagen: »Wie ungerecht!«, »Wie mühselig, dieser Weg durch die politische Landschaft!« oder »So habe ich mir das gar nicht vorgestellt!«. Sie werden Komplizen meiner ganz subjektiven Eindrücke, Einschätzungen und Meinungen. Da werde ich nicht verhindern können, dass einige von Ihnen sich erst recht vornehmen, nie selbst aktiv in die Politik einzusteigen. Aber wer weiß, vielleicht erreiche ich bei den anderen unter Ihnen das genaue Gegenteil. Das hätten Sie dann davon!

KAPITEL 2
Kandidat!

Was für ein Wechselbad der Gefühle jener Wahlabend des 27. September 2009 für mich gewesen ist! Wie im Film sehe ich all jene Szenen von damals wieder unmittelbar vor mir: Im Hintergrund die Großleinwände mit den ersten Hochrechnungen. Irgendwann im Bild eine siegesgewisse Angela Merkel. Etwas später dann Claudia Roth, die unsere Niederlage tapfer positiv kommentiert – denn unsere Wahlziele, die Regierung Merkel abzulösen oder doch wenigstens als Grüne die dritte Kraft im Bundestag zu werden, hatten wir verfehlt. Um mich herum grüne Parteifreunde aus allen Stadtvierteln Münchens, die wie ich darüber enttäuscht sind, dass wir die kleinste Fraktion im deutschen Bundestag sein werden, dazu noch in der Opposition, und dass Schwarz-Gelb mit einer satten Mehrheit würde regieren können. Es war eine Niederlage, da half es nichts, drum herum zu interpretieren.

Etwa eine halbe Stunde, nachdem die Wahllokale geschlossen hatten, lagen auch die ersten Ergebnisse für das Stadtgebiet München vor. »Ich hätte es nicht für möglich gehalten, aber wir haben unser Superergebnis vom letzten Mal, 14,6 Prozent, noch mal toppen können. Wir haben in München noch mal zugelegt auf 17,4 Prozent!«, jubelte Hanna Sammüller, Münchens Grünen-Chefin. Darauf folgten spontan Jubel und Applaus des im »Stemmerhof« versammelten Parteivolks. An uns Münchnern lag es jedenfalls nicht, wenn wir Grünen im Bund nicht regieren würden!

Ich erinnere mich an meine Freudentränen, als an jenem

Abend dann auch bald *mein* Wahlergebnis bekannt gegeben wurde. »Wahnsinn, Beppo, du hast das beste Ergebnis, über 14 Prozent! Und in deinem Wahlkreis habt ihr über 19 Prozent!«, hatte mir Hanna schon auf ihrem Weg zur Bühne, von der aus sie gleich noch alle Einzelergebnisse ganz offiziell verkünden würde, zugeflüstert. Wie ein siegreicher Boxer im Ring hatte ich die Arme in die Höhe gereckt und mit den anderen drei Direktkandidaten gefeiert. Der Applaus und der Jubel im »Stemmerhof« waren, ich nenne das jetzt einfach mal so: berauschend.

An diesem Abend, ganz ehrlich, freute ich mich einfach auch, dass der Wahlkampf endlich vorbei war. Irgendwie konnte ich es ja selbst nach allem, was das Jahr über passiert war, noch kaum fassen. Vor gerade mal zwei Jahren war ich bei den Grünen Mitglied geworden. Vor gerade mal einem Jahr war ich als »Newcomer«, als politischer »Nobody« in diesen Bundestagswahlkampf gestartet. Und triumphierte jetzt mit über 19 Prozent Zweitstimmen in meinem Wahlkreis und 24 967 Kreuzen hinter meinem Namen! Mehr Stimmen hatten in den 45 Wahlkreisen Bayerns nur noch vier andere Grüne – u. a. Prominente wie Claudia Roth und Christine Scheel – erhalten.

Dabei hatte doch alles eher zufällig angefangen, mit einer fast nebenbei gestellten Frage: »Willst du nicht im Münchner Westen für den Bundestag antreten?« Diese Frage hätte ich nicht ernst nehmen müssen, wäre sie nicht ausgerechnet vom Landesvorsitzenden der bayerischen Grünen, Dieter Janecek, gekommen. Der war im Jahr zuvor in diesem Amt zum Nachfolger von Sepp Daxenberger gewählt worden. Vor allem war er es, der bei der Bundestagswahl 2005 selbst im Wahlkreis München West/Mitte für den Bundestag kandidiert hatte. Warum er das 2009 nicht wiederholen wollte, hat er mir nicht verraten. Er fragte mich also, ob ich das diesmal übernehmen wolle. Das war im Oktober 2008. Über ein »Nein« habe ich nie wirklich nachgedacht, dafür war diese Idee zu faszinierend für mich. Denn dass ich nicht nur in Parteigremien an Programmen mitschreiben, sondern eines Tages auch ganz vorne mitmischen wollte, war für mich an dem Tag klar, als ich mich entschieden hatte, wieder in einer Partei aktiv zu werden. Parlamentarier zu werden, Politik über kurz oder lang zu meinem Beruf zu machen – das traute ich mir nach so vielen Jahren in Ehrenämtern, nach fast 20 Berufsjahren und mit über 40 Jahren Lebenserfahrung auch zu. Hätte ich damals schon etwas besser verstanden, dass Parteipolitik doch anders funktioniert als zum Beispiel ein Vorstandsamt in einem Sportverein, dann wäre ich jener Frage, ob ich für den Bundestag kandidieren wollte, vielleicht mit etwas mehr Demut begegnet ...

Ich fragte erst mal ein paar Grüne, mit denen ich mich in der kurzen Zeit meiner Parteimitgliedschaft angefreundet hatte und denen ich vertraute, was sie davon hielten. »Du kannst dir zumindest einen Namen damit machen«, war ein Argument, das ich immer wieder zu hören bekam und das mich schließlich überzeugte, dass ich als »Newcomer« nicht viel falsch machen konnte. Ich ging – typisch Kaufmann – das »Projekt Bundestag« sehr prozessorientiert an. So musste ich nach meiner Auffassung auf meinem Weg in den Bundestag folglich nur zwei Hürden nehmen. Erstens: die Wahl zum Direktkandidaten für den Wahlkreis München West/Mitte. Zweitens: Ich musste auf einen aussichtsreichen Listenplatz der bayerischen Grünen gewählt werden. Für die Bundestagswahl 2009 lagen die Grünen in den Umfragen so bei 10 %, was bedeutete, dass die Plätze eins bis neun, vielleicht auch noch Listenplatz zehn als einigermaßen aussichtsreich galten. Wenn ich also eine Chance haben wollte, für die bayerischen Grünen in den Bundestag zu ziehen, musste ich auf einen dieser aussichtsreichen Plätze gewählt werden.

Zwischen Etappe eins und zwei lagen für mich gerade mal zweieinhalb Monate. Noch kürzer war die Zeit zwischen jener Frage, ob ich für den Bundestag kandidieren wolle und der Wahl zum Wahlkreiskandidaten – nämlich nur vier Wochen!

Um die erste Hürde zu nehmen, machte ich mich am 17. November auf den Weg zur Kandidatenaufstellung in meinem Münchner Wahlkreis. Mit jedem Schritt näher zum »Lindenplatzl«, einer Gastwirtschaft in München-Pasing, stieg meine Aufregung. Noch mal und noch mal und noch mal ließ ich mir meine kurze Kandidatenrede durch den Kopf gehen, während ich – vorbei an 40er-Jahre-Genossenschaftswohnblocks und kleinen Häuschen und Reihenhäusern – durch den Schnee stapfte. Im bayerisch-rustikalen Nebenzimmer des »Lindenplatzl« waren die Ortsvorstände, die als Gastgeber diese Versammlung organisierten, damit beschäftigt, den Stapel an Formularen, die für eine solche Aufstellungsversammlung notwendig sind, vorzubereiten. Ihnen war trotz aller vorgeblicher Lockerheit anzumerken, dass etwas Bedeutendes bevorstand.

Bei der Wahl eines Direktkandidaten dürfen nur jene Parteimitglieder abstimmen, die in dem jeweiligen Bundestagswahlkreis wohnen. Die Wahlkreisgrenzen sind so gefasst, dass in ihnen jeweils etwa 250 000 Wähler wohnen, allerdings sind sie häufig nicht deckungsgleich mit den Grenzen der Parteiorganisation. Bei den Münchner Grünen mit ihren knapp zwanzig Ortsverbänden führt das dazu, dass sich bei solchen Aufstellungsversammlungen Parteimitglieder treffen, die sich sonst selten oder gar nicht sehen. Entsprechend vielfältig sind oft die Sichtweisen und ebenso unvorhersehbar ist auch die Entscheidungsfindung. Was im bunten Ortsverband Zentral, mitten in der Altstadt und im Glockenbachviertel, für gut befunden wird, müssen die Grünen in Aubing, am Stadtrand Münchens, noch lange nicht befürworten. Zudem gibt es bei den Grünen – im Gegensatz zu anderen Parteien – für interne Entscheidungen und Wahlen keine gewählten Delegierten. Wer sich zu einer solchen Aufstellungsversammlung in seinem Wahlkreis aufmacht, der bestimmt eben mit. Die daheim gebliebenen Mitglieder bleiben die schweigende Mehrheit und werden nicht vertreten. Das ist Basisdemokratie, aber nicht unbedingt repräsentativ. Man muss sich also auf allerlei Überraschungen einstellen.

»Du weißt, dass noch jemand kandidieren wird, oder?«

Das wusste ich natürlich nicht, wie auch! Dagmar Mosch, der Vorsitzenden der Pasinger Grünen, war vermutlich überhaupt nicht klar, dass sie mich mit dieser kurzen Frage in zusätzliche Aufregung versetzte. Schließlich hatte ich mich quasi im Galopp innerhalb eines Monats in dem halben Dutzend Ortsvereinen vorgestellt, die bei der Kandidatenaufstellung an diesem Abend mitzureden hatten. Dort war ich immer der einzige Kandidat gewesen. Von einem Mitbewerber war nie die Rede gewesen.

»Wir wissen aber noch gar nicht, ob Peter kommt. So ganz sicher sind wir uns selbst nicht, ob er antritt.«

Diese Unklarheit machte meine Situation nicht leichter. Das ging ja schon mal gut los!

Es wurde eng im Nebenzimmer. Während sich nach und nach weitere Grüne aus anderen Stadtvierteln an den Tischen der Wirtschaft einen Platz suchten und Essen und Getränke bestellten, versuchte ich mich auf den möglicherweise anstehenden Wettbewerb einzustellen. Erste Kandidatenpflicht ist: Zuversicht zeigen! Also begrüßte ich alle mit einem Lächeln und ein paar freundlichen, lässigen Worten. Das sollte den notwendigen Optimismus verbreiten – nicht zuletzt bei mir selbst.

An diesem Abend kannte ich längst nicht alle Parteimitglieder persönlich, manche eher flüchtig, einige vielleicht mal von der einen oder anderen Parteiveranstaltung. Meinen Gegenkandidaten erkannte ich sogar erst als solchen, als unsere Versammlungsleiterin ihn begrüßte: »Servus, Peter. Trittst du jetzt an?« Er bejahte. Das also war derjenige, der meinen Traum Bundestagskandidat, ach, was sage ich: Bundestagsabgeordneter zu werden, vereiteln konnte. Aus seiner Vorstellungsrede erfuhr ich, dass er Steuerberater und Rechtsanwalt ist und im Wahlkreis lebt – im Gegensatz zu mir, denn ich wohnte im Münchner Osten. Das war schon mal ein Heimvorteil für ihn.

Kurz nach acht Uhr wurde es dann ernst. Beide stellten wir uns vor – eine ordentliche Pflichtübung für jeden von uns. Jeder von uns beiden hatte, das ist im Wahlgesetz so geregelt, jeweils zehn Minuten dafür zur Verfügung. Peter hatte eine sehr angenehme Stimme und sprach seine Sätze getragen und innerlich ruhend vor, verwies auf seine Kompetenz in Steuer- und Wirtschaftsthemen und – als Jurist – natürlich bei Fragen der Bürgerrechte. Ein intelligenter, schlagfertiger Mensch, den ich in jedem Fall als Gegner ernst nehmen musste.

Mein erster Eindruck bestätigte sich bei der anschließenden Fragerunde. Bei den Grünen werden Kandidaten ja nicht einfach aufgestellt oder von wenigen vorher schon bestimmt, wie es bei anderen Parteien der Fall ist. Da will die Basis das letzte Wort haben. Und die Basis will wissen, wofür sie wen in welches Parlament schicken soll. »Wie stehst du zur Integrationspolitik? Wie zum Grundeinkommen? Wie zum Lissabon-Vertrag? Wie zur Steuerpolitik? Wie stellst du dir Wege aus der Finanzkrise vor? Wie zur ...?« So ging das eine gute Stunde lang. Die Parteimitglieder wollten uns anscheinend genau »auf den Zahn fühlen«. Was wahrscheinlich auch daran lag, dass wir beide noch recht unbeschriebene Blätter waren. Ich war bei manchen Fragen verdammt froh, dass nicht ich als Erster antworten musste, sondern mein Gegenkandidat. Damit blieb mir Zeit, mir auf die Schnelle etwas halbwegs Schlaues einfallen zu lassen und gegebenenfalls auf meinen Vorredner einzugehen oder mich von ihm abzuheben. Das war natürlich nicht so leicht, denn unser beider Ansichten lagen gar nicht so weit auseinander.

Mein erstes Jahr bei den Grünen hatte ich mit viel Akribie und beinahe akademischem Wissensdurst als eine Art Crashkurs in grüner Politik genutzt. So war ich bei so ziemlich jeder Parteiveranstaltung und bei jedem Workshop dabei, Abend für Abend, Wochenende für Wochenende. Das machte sich jetzt bezahlt, wann immer ich an der Reihe war. Nach der Fragerunde konnte ich die Stimmung im Raum aber nicht so richtig einschätzen. Wie würden die knapp 40 anwesenden Parteimitglieder sich entscheiden? Hatten ihnen meine Antworten zur Steuerreform, zur Europapolitik, zum Grundeinkommen, zu Wegen aus der Finanzkrise gefallen? Eines muss man sich bewusst machen: Man kann – egal mit welcher Antwort – nie allen gefallen, dafür sind die Ansichten auch innerhalb ein und derselben Partei zu unterschiedlich. Bei mir kam sicher dazu, dass einige Parteifreunde überrascht sein mochten, wie sehr ich als Neumitglied bei den Grünen deren politische Positionen bereits verinnerlicht hatte. Beweisen kann ich es zwar nicht, aber ich meine schon, dass man bei mir genau hingehört hat, ob ich für einen höheren Spitzensteuersatz bin (was ich war, aber erst ab einem höheren Einkommen als jenen 80 000 Euro, die wir forderten). Oder dass ich durchaus mit der Ausdehnung der Gewerbesteuer auf Landwirte und Freiberufler einverstanden war. Oder dass ich für eine Abschaffung des Ehegattensplittings zugunsten einer konkreten Familien- und Kinderförderung eintrat. Am Ende kam es meinen Parteifreunden an diesem Abend aber wohl weniger darauf an, ob ich alle grünen Wahlforderungen beherrschte und ob sie mit jedem Satz, den ich sagte, einverstanden waren. Es kam – das wurde mir jedenfalls später von meinen Parteifreunden versichert – damals darauf an, ob sie mir oder eher meinem Mitbewerber zutrauten, für die Grünen überzeugend Wahlkampf zu machen. Mein Plus bei der Vorstellung war wohl, dass ich kämpferischer und schlagfertiger auftrat, was in einem Wahlkampf ja von Bedeutung ist. Und zumindest diejenigen im Raum, die mich schon auf Parteiveranstaltungen erlebt hatten, hatten mich dort auch schon als wortgewandt und kämpferisch erlebt.

Trotzdem war ich mir zunächst nicht sicher, wie die Abstimmung ausgehen würde, die geheim und schriftlich stattfindet. An den Gesichtern kann man jedenfalls das Abstimmverhalten nicht ablesen. Ein Lächeln bedeutet noch lange keine Zustimmung. Das zustimmende Nicken an der einen Stelle, bei der einen Antwort, gleicht sich mit dem Augenbrauen-Hochziehen und Stirnrunzeln an einer anderen Stelle, bei einer anderen Antwort aus. Die Grünen im Westen sind engagiert und kritischer als die in anderen Ortsverbänden. Andererseits auch wieder recht pragmatisch, am Machbaren in ihren Stadtvierteln orientiert. Meine FDP-Vergangenheit, mein bürgerliches Leben, mein Beruf als Kaufmann, das war für manche Grünen nicht gerade eine Empfehlung, das war mir schon klar.

Die Versammlungsleiterin machte es spannend: »Abgegebene Stimmen: 33. Alle Stimmen sind gültig. Für die Mehrheit sind also 17 Stimmen nötig. Auf Hermann Brem entfallen 23 Stimmen ...« Das waren zwei Drittel der anwesenden Parteimitglieder: Gewonnen! Gewählt! Nun als Erstes: Dank für das Vertrauen und die Wahl annehmen. Als Zweites: Anerkennendes, respektvolles Händeschütteln mit dem Mitbewerber. Als Drittes: Glückwünsche entgegennehmen. Ich genoss den Zuspruch und das allgemeine Interesse, das alle erfolgreichen Kandidaten erfahren, sobald sie gewählt sind. Alle anderen um dich herum werden in einer seltsamen Weise eins mit dir. Fast fühlte es sich für mich so an, als sei ich schon mit einem Fuß auf den Stufen des Berliner Reichstages. Mein Mitbewerber schien das

Ergebnis recht gelassen hinzunehmen. Wäre es andersherum ausgegangen, hätte ich das sehr wahrscheinlich nicht geschafft. Viel zu sehr hatte ich auf diesen Wahlausgang gehofft. Darauf, dass dieser Wahl bald der nächste Schritt folgen würde – ein Listenplatz auf der bayerischen Landesliste, der mich sicher in den Bundestag bringen würde. Heute schmunzle ich über so viel Vermessenheit, aber damals dachte ich wirklich, dieser Schnellstart ins Parlament könnte klappen.

Während die ersten Parteifreunde durch die kalte Nacht ihren Heimweg antraten, musste ich zum formell korrekten Abschluss noch etliche Angaben zur Person machen und offizielle Dokumente unterschreiben. Die Formulare gingen später ans Wahlamt und den Landeswahlleiter. Meine Daten konnte jetzt jede und jeder dort abrufen. Was nicht immer angenehm ist, wie sich später zeigen sollte. Von diesem Abend an war ich zwar noch keine öffentliche, aber schon eine »aktenkundige« Person.

Die Nacht, nachdem ich diese erste Etappe Richtung Berliner Reichstagsgebäude meinte genommen zu haben, war unruhig für mich. Viel zu viele Ideen, wie ich jetzt meinen Wahlkampf gestalten und was jetzt alles zu tun sein würde, beschäftigten mein Hirn.

Heute, mit genügend zeitlichem Abstand und vor allem mitten in den Vorbesprechungen und Vorbereitungen für die demnächst anstehenden Wahlen 2013 (Bundestag, Bayerischer Landtag und Bezirkstag) sowie 2014 (Kommunalwahl in Bayern und Europawahl), bekomme ich erst mit, was ich seinerzeit alles verpasst haben muss. Ich war im Oktober 2008, als mir die Wahlkreiskandidatur angetragen worden war, viel zu neu bei den Grünen, um mir bewusst zu sein, dass sich natürlich auch in dieser Partei mehr Kandidaten für ein Abgeordnetenmandat berufen fühlen, als es Mandate gibt. Ich war viel zu neu, um im Vorfeld der damaligen Wahlen miterlebt zu haben, wie die Wahlkreise auf Kandidaten »aufgeteilt« werden, wie in den Ortsverbänden, die darüber zu entscheiden hatten, ausgelotet wurde, wer denn am besten wo kandidieren sollte und wer dem Wahlkreis für die Grünen im Wahlkampf Ehre machen würde. Von all dem ahnte ich damals kaum etwas, sondern meinte ernsthaft, es sei nichts Unübliches, so kurz vorher für eine Bundestagskandidatur in einem Wahlkreis angesprochen zu werden. »Ganz schön naiv«, denke ich heute über meine Blau-äugigkeit von vor knapp drei Jahren.

KAPITEL 3
Abtrünniger – Mein Weg zu den Grünen

Der Weg zum Bundestagskandidaten der Grünen kam, das muss ich an dieser Stelle klarstellen, für mich nicht ganz aus heiterem Himmel. Die Politik hatte schon mal einen Teil meines Lebens stark geprägt. Als Student war ich fünf Jahre lang politisch sehr aktiv gewesen. Allerdings: damals bei den Jungen Liberalen und in der FDP!

Diese Zeit war aber lange vorbei. Nach Beendigung des Studiums und mit dem Berufsbeginn war ich 17 Jahre lang nur noch eine sogenannte »Karteileiche«, also ein zwar Beitrag zahlendes, aber nicht mehr aktives Mitglied der FDP. Natürlich verfolgte ich die politischen Karrieren mancher Jungliberaler und ehemaliger liberaler Weggefährten wie Birgit Homburger und vor allem Guido Westerwelle. Auch den Weg – mit allen Höhen und Tiefen –, den die FDP so nahm, beobachtete ich aufmerksam. Aber eben nur als »Zaungast« und nicht mehr mitten drin. Ich beobachtete, wie sich Deutschland nach der Wende veränderte, beobachtete, wie Europa größer wurde. Von meinem früheren politischen Engagement war erst mal nur meine Selbstverpflichtung übrig geblieben, regelmäßig wählen zu gehen.

Zehn Jahre nach meinem Ausstieg aus der Parteipolitik fing ich wieder langsam an, mich gegen Diskriminierung und vor allem für die Rechte von Minderheiten zu politisieren und im Sport zu engagieren. 1999 hatte ich einen Sportverein für Lesben und Schwule in München mitgegründet. Sport ist eigentlich nicht gerade mein Thema, ich bin eher das Gegenteil einer »Sportskanone«. Als sich aber der Volleyballverein, in dem ich leidlich mittrainierte – Volleyball war während meiner Schulzeit die einzige Sportart gewesen, die ich wirklich mochte! – mit anderen Gruppen zu einem größeren Verein zusammenschließen wollte, um bei der Stadt ein besseres Standing, z. B. bei der Vergabe von Sportstätten, zu haben und sich noch stärker für die Rechte Homosexueller einsetzen zu können, war ich von Anfang an dabei. Vorsitzender wurde ich dann, weil meine Mitstreiter meinten: »Der kann gut organisieren.«

In der Anfangszeit dieses neu entflammten ehrenamtlichen Engagements war es für mich ganz selbstverständlich, mein Kreuz hinter der FDP zu setzen. Aber je mehr zeitliche Distanz zwischen meiner aktiven Zeit in dieser Partei und dem Lauf der deutschen Politik im Allgemeinen verstrich, desto öfter wählte ich nicht mehr die Liberalen, sondern die Grünen. Während mir Guido Westerwelle auf seinem konsequenten Weg an die Parteispitze immer weniger sympathisch wurde, gewann Joschka Fischer als Außenminister langsam meinen Respekt. Das rotgrüne Projekt unter Gerhard Schröder und Joschka Fischer fand ich von Anfang an gut. Deutschland, das war meine Überzeugung, brauchte nach dem Albdruck von 16 Jahren Helmut Kohl eine moderne Regierung, die die Fenster in diesem Land aufriss.

Zwei Ereignisse beschleunigten aber schließlich meine Entscheidung, der FDP auch formal den Rücken zu kehren: Zum einen verabschiedete der Deutsche Bundestag im November 2000 das Lebenspartnerschaftsgesetz. Auf Initiative der Grünen, mit den Stimmen der rot-grünen Mehrheit. Aber ohne die Stimmen der FDP. Das fand ich skandalös! Ich konnte mich noch gut an all jene Diskussionen erinnern, jene Beschlüsse der Jungen Liberalen in den 1980ern, die sich genau dafür einsetzten, dass auch nichteheliche Partnerschaften in unserer Gesellschaft gleichgestellt würden. Noch weniger Verständnis hatte ich dafür, dass ein Schwuler an der Spitze einer liberalen Partei, die sich schon nach ihrem Selbstverständnis für die Rechte und die Gleichstellung von Minderheiten hätte einsetzen müssen, sich meines Erachtens genau dafür nicht starkmachte! Und als Oppositionspartei ging die FDP doch in dieser Frage überhaupt kein politisches Risiko ein. So sah ich das jedenfalls. Wenn ich die Verlautbarungen von Westerwelle und die Presseresonanz dazu richtig deutete, war die Enthaltung der FDP-Fraktion im Bundestag rein taktisches Geplänkel. Das verärgerte mich noch mehr. Für eine gesellschaftspolitische Veränderung von solcher – hier ist das Wort »historischer« sicher nicht übertrieben – Dimension gibt es in der Regel meist nur eine Chance in einem engen Zeitfenster. Da muss jede Partei selbst erkennen, welche Rolle sie dabei spielen will. Dass die Bundesrepublik dieses Gesetz verabschiedete, hatte eine nicht zu unterschätzende Wirkung innerhalb Europas. Vor allem jene Länder des ehemaligen Ostblocks, die sich gerade anschickten, Mitglied der Europäischen Union zu werden, waren dadurch genötigt, teilweise ungewöhnlich freiheitliche Verfassungen und Gesetze zu formulieren, die in puncto Antidiskriminierung keinen Zweifel an ihrer Eignung für die Mitgliedschaft im Europa-Club lassen sollten.

So sehr ich mich darüber auch heute noch ereifern kann: Ausgetreten bin ich damals trotzdem noch nicht gleich. Manchmal vergaß ich es einfach, dann wurde mein Jahresbeitrag wieder abgebucht und ich dachte mir: »Dann bleibst du halt noch dieses Jahr dabei.« Ein andermal dachte ich wieder sentimental an die alten ereignisreichen Zeiten zurück und an die Menschen, die ich in der FDP noch kannte und mochte. Aber das politische Band, das mich mit der FDP über Jahre verbunden hatte, war längst zerschnitten.

2005 folgte dann aber doch der endgültig letzte Akt meiner FDP-Mitgliedschaft. Im Mai dieses Jahres hatte ich beruflich in

Köln zu tun. Just an dem Wochenende, als die FDP dort ihren Parteitag abhielt. Ich meldete mich einfach als Besucher an. Auf dem Weg übers Kölner Messegelände ins Kongresszentrum, in dem der Parteitag stattfand, traf ich nur einen einzigen früheren jungliberalen Weggefährten, mit dem ich aber nur wenige Worte wechselte. Ich wollte mit gar niemandem ins Gespräch kommen, sondern einfach nur live erleben, was aus »meiner« FDP geworden war. Also setzte ich mich inkognito auf einen der Stühle im Gästebereich und erlebte, wie Guido Westerwelle in einer feurigen Rede als Parteivorsitzender die Abschaffung der Gewerkschaften forderte. Das »schüttete mir das Kraut aus«, wie wir in Bayern sagen. Ich bin nun weiß Gott ein großer Skeptiker gegenüber vielem, was die Gewerkschaften so treiben. Das ist zum einen natürlich beruflich bedingt, weil ich als Personaler längst den Glauben daran verloren habe, dass es immer die armen Mitarbeiter sind, die vor den bösen Unternehmern geschützt werden müssen. Dafür habe ich zu oft erlebt, wie skrupellos manche Mitarbeiter ihre Firmen ausnutzen und abzocken. Zum anderen bin ich natürlich geprägt von meinen Eltern, die als Kleinunternehmer sicher öfter unfair von ihren Mitarbeitern behandelt worden sind, als das umgekehrt der Fall gewesen wäre. Aber nie im Leben würde ich solche einzelnen negativen Erlebnisse zum politischen Maßstab erheben. Und schon gar nicht würde ich je verkennen, wie wichtig der historische Beitrag der Gewerkschaftsbewegung für unsere Demokratie war – und immer noch ist. Sozialer Frieden in Deutschland ohne Gewerkschaften scheint mir entweder nicht möglich oder nicht wünschenswert. Was ja übrigens auch die Arbeitgeberverbände so sehen. Also was zum Teufel wollte eine FDP mit so einer Forderung gewinnen? Ich empfand das als populistisch und ignorant. Nicht mal mehr auf diesem Politikfeld konnte man auf die Liberalen bauen!

Dermaßen enttäuscht raffte ich mich nach diesem Kölner

Parteitag doch endlich dazu auf, der FDP meinen Austritt zu erklären. Ich hatte für mein »Kündigungsschreiben« nicht viel Prosa aufgewandt, was hätte das auch bewirken sollen, wenn ich jetzt meinem Frust über die politische Entwicklung der Liberalen in den letzten Jahren Luft gemacht hätte? Also beließ ich es bei einem einfachen »Hiermit kündige ich meine 1985 begründete Mitgliedschaft« – Punkt. Die FDP war eben inzwischen, wie sie war, und jedenfalls anders als ich sie kennengelernt hatte. Wie nüchtern die Antwort ausfiel, hat mich dann aber doch maßlos enttäuscht: Ein schnöder Ausdruck aus einer Datenbank, der das Eintrittsdatum 25. 10. 1985 festhielt, mein Geburtsdatum, meine Wohnadresse und abschließend das Austrittsdatum des Jahres 2005. Nichts weiter, kein Anschreiben, kein Wort des Bedauerns, keinen Hinweis darauf, dass man in der Parteiverwaltung überhaupt registriert hätte, dass ein – wenn auch in ferner Vergangenheit – engagierter liberaler Mitstreiter, ehemaliger Bundesvorsitzender der FDP-Jugendorganisation, von Bord gegangen ist. Schon gar keine Nachfrage nach dem »Warum«. Eine solch bürokratische »Verabschiedung« nach zwei Jahrzehnten machte mir den Abschied von der FDP leicht.

KAPITEL 4
Aller Anfang ist leicht

Glauben Sie mir, Sie werden zurückkommen! Wer einmal Blut geleckt hat, der kommt wieder zurück in die Politik.« Diese Botschaft hatte mir ein FDP-naher Ministerialbeamter in Bonn mit auf den Weg gegeben, als ich mich 1990 aus dem aktiven politischen Leben verabschiedete und im beruflichen Alltag verschwand. Das nahm ich damals nicht sonderlich ernst. Das Thema Parteipolitik war für mich durch – dachte ich. Bis zu jenem Abend, an dem ein Funke die Glut wieder zum Aufflammen brachte.

Schuld an allem ist ja genau genommen Lotte, die »grüne Lotte«! Ohne Lotte wäre ich nie Mitglied bei den Grünen geworden. Trotz aller Sympathie für deren Politik war die Mitgliedschaft bei den Grünen für jemanden wie mich – mit einem sehr bürgerlichen Beruf und aus einem bürgerlich geprägten Umfeld – nicht so selbstverständlich. Jedenfalls nicht im Jahr 2007. Ich war ja noch aufgewachsen in einer Welt, in der sowohl die Grünen als auch die FDP ihre Gegensätzlichkeiten unterstrichen und so taten, als kämen ihre Wähler aus diametral entgegengesetzten Welten. Da galt immer noch das Dogma zweier gegensätzlicher Parteilager: das bürgerliche (CDU, CSU und FDP) und das linke (SPD und Grüne, und natürlich dann auch Die Linke). Dass die Grünen von manchen Redakteuren inzwischen als »neue FDP«, als »in der Mitte angekommen« und als »bürgerliche Partei« bezeichnet werden, davon war damals noch längst nicht die Rede. Die Reaktion meiner Freunde war durchweg positiv. Meine ehemaligen liberalen Parteifreunde bezeichneten mich –

sofern ich ihnen überhaupt über den Weg lief – zwar fortan als »Abtrünnigen«, aber die Freunde, die parteipolitisch nicht festgelegt waren, fanden meinen Wechsel zu den Grünen durchweg sympathisch. »Jetzt bist du ja wenigstens wählbar«, bekam ich des Öfteren zu hören. Meine Eltern allerdings, die haderten noch eine ganze Weile mit meinem Übertritt zu den Grünen. Die FDP mochten sie zwar auch nicht besonders, aber die Grünen, die waren ihnen noch viel suspekter. Als Unternehmer und im konservativen Bayern groß geworden, stand ihnen die CSU ganz einfach viel näher. Und von da zur Akzeptanz der »langhaarigen, strickenden« Grünen war ihnen der politische Weg zu weit.

Wie auch immer: Die »grüne Lotte« kenne ich seit Urzeiten. Irgendwann Mitte der Achtziger hatte ich sie auf einem Fest kennengelernt, weil ich unbedingt wissen wollte, von wem dieses mitreißende, herzhafte Lachen kam, das ich vom Balkon hörte. Seitdem sind wir Freunde. Lotte ist eine blonde, schlanke, meistens schlicht elegant gekleidete und vor allem eine sehr selbstbestimmte Frau. Sie trägt gerne große, schicke, schwarz gerahmte Sonnenbrillen, selbst wenn die Sonne gar nicht scheint. Das gibt ihrem Auftreten immer auch etwas von einer Diva, obwohl sie selbst ein solches Attribut wahrscheinlich weit von sich weisen würde. In all den Jahren hat sie sich immer wieder neu erfunden. Sie war ganz früher mal im Krankenhaus beschäftigt, als ich sie kennenlernte bei einem Reiseveranstalter, in Reisebüros, kurzum: auch ihr Berufsleben war abwechslungsreich. Dass Lotte bei den Grünen war und sogar eine Weile für die im Bezirksausschuss im Stadtteil Sendling gesessen hatte, war für mich zweieinhalb Jahrzehnte lang eigentlich völlig bedeutungslos. Lotte war für mich auch nicht gerade der Inbegriff einer Linken. Sie arbeitete in der Tourismusbranche und war mir auch sonst nicht mit Aussagen aufgefallen, die ich in die Schublade »linke Parolen« einsortiert hätte. Wenn es etwas Linkes an ihren Ansichten gab, dann war das bestenfalls ihr Eintreten für Minderheiten. Und gerade das machte sie mir zur Freundin. Zwischendurch war sie auch mal ausgetreten bei den Grünen, danach aber wieder eingetreten und sogar in den Vorstand gewählt worden. Lotte hat halt ihren eigenen Kopf und ihre eigenen Ansichten, von denen sie auch nicht gerne abweicht. Streitgespräche mit ihr sind so gar nicht, wie man sie sich mit Politikern vorstellt, sondern schnörkellos, meistens sehr geradeheraus und direkt. Manchmal auch zu flott und zu direkt. Klar, damit machte sie sich all die Jahre über nicht immer Freunde bei den Grünen. Dieses Undogmatische machte sie mir jedenfalls noch sympathischer, aber eine Entscheidung zugunsten der Grünen löste das damals – noch – nicht aus bei mir.

Nach all den Jahren persönlicher Freundschaft kam also Lotte daher und machte mir einen Beitritt bei den Grünen schmackhaft. »Wir können solche Leute wie dich brauchen!«, versicherte sie mir immer wieder mal so nebenbei. Und als sie wenig Widerstand spürte, hakte sie eines Tages nach: »Willst du dich nicht mal mit unserem neuen Vorsitzenden treffen?«

»Warum nicht?«, gab ich ihrem Drängen nach.

Daraus wurde ein sehr launiger, amüsanter Abend zu dritt in einer lauen Spätsommernacht. Vor mir saßen Florian Vogel, ein junger Mediziner, und Lotte, die beide so gar nicht in meine alten Klischees von den Grünen passten: keine Jutetaschen, keine dicken, hässlichen Strickpullis (gut, es war auch Sommer), statt dessen gepflegte Erscheinung. Wir redeten locker und sehr offen über Privates, über die Politik im Allgemeinen und die Münchner Grünen im Besonderen. So misstrauisch ich beiden auch begegnete, vor allem dem Grünen-Chef, den ich ja noch nicht kannte und der immerhin stellvertretend für die Münchner Grünen vor mir saß, konnte ich nichts Verwerfliches an ihren Ansichten entdecken. Vogel wollte die Mitgliederbasis der Münchner Grünen verbreitern, mehr im bürgerlichen Lager wildern, weil er der Meinung war, dass dort längst mehr grünes Potenzial liege, als die Partei sich bisher erschlossen hätte. Die Grünen in München sollten größer werden und nicht weiter bei ihren (damals) 800 Mitgliedern stagnieren. Was er sagte, klang alles sehr vernünftig und gut überlegt. Jedenfalls nicht nach dahingesagtem Politgeplapper. Auch wie er es sagte – ruhig, gelassen, pragmatisch –, gefiel mir.

Während wir da so miteinander über Politik diskutierten, merkte ich, wie ich unwillkürlich nach Übereinstimmungen zwischen mir und den Grünen suchte, wie ich mich mehr und mehr an eigene frühere Verbindungen zu den Grünen erinnerte. Schon als Schüler war ich Teil einer pazifistisch gesonnen Clique, die Atomwaffen und Atomenergie ablehnte, vorwiegend »Bio« (ja, auch gerne morgens Müsli!) aß, Kräutertee statt Kaffee trank, ansonsten in jugendlicher Aufmüpfigkeit viel an der Politik zu kritisieren hatte und mit der ich in einem klapprigen alten VW-Bus auf meine allererste Demo fuhr. In den Bonner Rheinauen protestierten wir damals gegen Ronald Reagans Rüstungspolitik. Auch den schonenden Umgang mit Ressourcen mussten mir die Grünen nicht erst beibringen, den hatte ich von klein auf verinnerlicht – ich wuchs schließlich bei meinen Großeltern auf dem Land, ein bisschen wie auf einem Bauernhof, auf. Die Grünen fand ich bereits Anfang der Achtziger, in ihrem Werden, witzig. Das Chaos, das sie vermittelten, und ihre frühen, improvisiert wirkenden Wahlplakate waren mir sympathisch. Jetzt, zwei Jahrzehnte nach diesen ersten Berührungspunkten mit den grünen Anfängen in der deutschen Politik, da ich mit zwei Neuzeit-Grünen zusammensaß, wunderte ich mich nur noch darüber, warum ich nicht schon damals parteipolitisch ein »Öko« der erste Stunde wurde und stattdessen bei den Jungen Liberalen in der FDP aufschlug. Das lag sicher daran, dass es die Ur-Grünen damals zwar als Bewegung im Aufbruch gab, aber noch kaum flächendeckende

Parteistrukturen vorhanden waren. Und für mich waren klare, geordnete Verhältnisse von jeher von ganz zentraler Bedeutung. Auch konnte ich mich 1983 mit keinem der ersten Grünen, die in den Bundestag einzogen, identifizieren.

Als wir nach unserem langen Gespräch in die Nacht nach Hause radelten, war mir klar, dass es nicht mehr lange dauern würde, bis ich Mitglied der Grünen werden würde. Ich hatte wieder Lust bekommen, Politik zu machen.

Am 12. September 2007, einem warmen, sonnigen Tag, begann mit meiner Unterschrift auf einem Aufnahmeantrag meine Grünen-Karriere. Meinen Beitrag für ein halbes Jahr zahlte ich gleich in bar, nichts sollte meine Aufnahme jetzt noch verzögern. So wurde ich tatsächlich in null Komma nichts und ganz unbürokratisch Mitglied von Bündnis 90/Die Grünen. Und mehr Aufmerksamkeit konnte man sich als neues Parteimitglied auch kaum wünschen: Vier von acht Vorstandsmitgliedern und sogar der grüne Bürgermeister, Hep Monatzeder, bereiteten mir auf der Straße vor dem Stadtbüro der Münchner Grünen einen »großen Bahnhof«. Nach der Devise »Keine politische Aktion ohne Foto!« wurde ein Gruppenfoto von uns allen gemacht, auf dem wir um die Wette lächelten. Als kurz darauf der »Rundbrief« – das monatliche Mitglieder-Magazin der Grünen – auch bei mir im Briefkasten landete, staunte ich nicht schlecht, dass ich es unter der Überschrift »Grün wächst!« sogar auf die Titelseite geschafft hatte!

Mein Eintritt geschah zu einer Zeit, als den Grünen neue Mitglieder noch nicht in Scharen zuliefen. Es wurden noch nicht ganze CSU-Ortsverbände mit großem »Hurra« bei den Grünen aufgenommen – und das sogar in immer noch CSU-dominierten, ländlichen Gegenden des konservativen Bayern! Heute bin ich selbst im Vorstand der Münchner Grünen und muss einräumen, dass wir so viel Aufheben um ein einzelnes neues Mitglied gar nicht mehr machen könnten. Dafür sind es inzwischen schlichtweg zu viele. Wir freuen uns natürlich immer noch über jede und jeden, die/der zu den Grünen kommt. Aber nachdem die Regierung Merkel-Westerwelle zunächst den Ausstieg aus der Atomenergie, den noch Rot-Grün beschlossen hatte, durchsetzte, und noch viel mehr nach der Erdbeben- und Atomkatastrophe im japanischen Fukushima, stapeln sich bei uns im Büro die Aufnahmeanträge. Wenn ich heute lese, wie schwer sich die »Piraten« organisatorisch tun, um die vielen Neumitglieder aufzunehmen, die ihnen aus dem Lager der »Nichtwähler« und aus den anderen Parteien (leider auch von den Grünen) fast möchte man sagen: »zufliegen«, dann lese ich das ohne Häme, sondern verstehe es aus unseren eigenen Erfahrungen Ende 2010 und Anfang 2011 recht gut.

Was seinerzeit jene Aktion »Grünes Wachstum« der Münchner Grünen trotz hohem Werbeaufwand und etlichen Anstrengungen der Parteispitze innerhalb von zwei, drei Jahren nur sehr matt schaffte, das beschleunigte der politische Mainstream binnen weniger Wochen: Die Münchner Grünen wuchsen seither von 800 Mitgliedern auf inzwischen 1200. Statt mit großem Gefolge einzelne Neumitglieder zu begrüßen, veranstalten wir inzwischen zwei-, dreimal im Jahr Treffen mit jeweils bis zu 30 Neumitgliedern, die wir dabei mit den Vorständen, den Mandatsträgern und den Parteistrukturen vertraut machen. Als ich bei den Grünen Mitglied wurde, da reichte uns für unsere monatliche Stadtversammlung meistens ein Raum mit Platz für 40, 50 Personen. Inzwischen zählen wir nicht selten weit über 100 stimmberechtigte Anwesende.

Obwohl ich also gleich zu Beginn meiner Mitgliedschaft dank Parteiprominenz und Titelbild in der Mitgliederzeitschrift einen vorteilhaften Start hatte, wurde ich als ehemaliger FDPler zunächst von vielen meiner neuen Parteifreunde mit einigem Argwohn »beschnuppert«. Das legte sich im Lauf weniger Monate, denn ich nahm – aus Neugier, aus Freude an meinem neuen Engagement, aus Lust auf »mehr« – regelmäßig an den Treffen meines Ortsverbandes, an den Stadtversammlungen und an den Arbeitskreisen, die mich interessierten (vor allem zur Europa- und Außenpolitik), teil. Besonders bei den Stadtversammlungen, die in etwa monatlich stattfinden und an denen sich jedes Mitglied der Münchner Grünen beteiligen kann, war ich wahrlich kein scheues, kein schweigendes Neumitglied. Ich ging gleich in die Vollen und trat mit Fragen, Meinungsäußerungen und Wortbeiträgen zu vielen Themen, die diskutiert wurden, in Erscheinung. Ganz dumm kann das, was ich von mir gab, nicht gewesen sein, denn meistens erhielt ich dafür Zustimmung. Wenn ich Änderungen zu einem Antrag vorschlug, wurden die oft übernommen. Die offene Atmosphäre in meiner neuen, für ihre Basisdemokratie bekannten Partei genoss ich sehr. Sie eröffnete mir das, was ich wollte, seit ich mich zur Mitgliedschaft entschieden hatte: Ich durfte mitreden, konnte meine Meinung sagen, konnte mitgestalten. So allmählich wurden die Grünen mit mir und ich mit den Grünen vertraut. Es wuchs gegenseitiges Vertrauen, was ja die wichtigste Voraussetzung ist, wenn man dereinst »etwas werden« will. Ich legte es zwar nicht auf Parteiämter an, aber »Nein« sagen wollte ich auch nicht, wenn sich eine Gelegenheit ergab.

Als ein Jahr nach meinem Parteieintritt die Position des Schatzmeisters neu vergeben wurde, stellte ich mich zur Wahl. Das traute ich mir zu. Aber ich verlor haushoch gegen einen jungen Kandidaten. Aufgrund meiner langjährigen beruflichen Erfahrung als Kaufmann hätte ich doch gewählt werden müssen!

Lotte, die sich seit meinem Eintritt bei den Grünen wie ein »Coach« um mich kümmerte, tröstete mich. Sie erklärte mir, warum der andere und nicht ich gewählt worden sei, wer da angeblich mit wem einen »Deal« geschlossen habe und wer wem noch verpflichtet gewesen sei, und dass die »Grüne Jugend« ihren Kandidaten für den Vorstand durchbringen wollte. An jenem Abend verstand ich: Trotz der ach so freundlichen Aufnahme im Schoß der grünen Parteifamilie wuchsen auch für mich die Bäume dort nicht in den Himmel. Ohne Wettbewerb würde es auch für mich fortan bei den Grünen selten ablaufen. Mir wurde kein roter Teppich ausgerollt, ich musste schon auch kämpfen, wenn ich ein Ziel – das damals noch im Ungewissen lag – erreichen wollte.

Aber wie heißt es so treffend: Allem Ende wohnt auch ein Anfang inne. Die Abstimmungsniederlage an diesem Abend wandelte sich völlig unerwartet und flugs in meinen ersten Karriereschritt bei den Grünen: Der Sprecher des Landesarbeitskreises »Frieden-Europa-Eine Welt« – so nennen die bayerischen Grünen ihren Arbeitskreis für Europa und Internationales – bot mir an, sein Nachfolger zu werden. Ich war schon eine Weile in diesem Arbeitskreis aktiv gewesen und hatte ohnehin seit jeher Interesse an außenpolitischen Themen und an der Europapolitik. Nicht zuletzt bin ich schon seit Anfang der Achtziger Jahre Mitglied der »Gesellschaft für Außenpolitik« und war verschiedentlich in Vorständen europäischer Verbände. In der Politik kommt es auch darauf an, Chancen, die sich einem bieten, schnell zu verstehen und dann auch zu ergreifen. Das tat ich jetzt.

Die Wahl in dieses Sprecheramt gewann ich kurz darauf (gegen zwei oder gar drei Mitbewerber, wenn ich mich recht erinnere) und so hatte ich endlich meine Bühne, von der aus ich mich innerhalb der Grünen – jetzt sogar auf Landesebene – bewähren konnte.

Die Bewährungsprobe ließ denn auch nicht lange auf sich warten. Auf einem Landesparteitag kurz darauf rangen die bayerischen Grünen darum, ob sie dem Lissabon-Vertrag, der der Europäischen Union eine neue vertragliche Basis verschaffen sollte, zustimmen sollten.

So kurz vor der Europawahl, die im Juni 2009 stattfand, war die Europapolitik in aller Munde und in der Öffentlichkeit breit diskutiert. Der für seinen fachlichen Fleiß und seine kämpferischen Reden respektierte bayerische Landtagsabgeordnete Dr. Martin Runge, der innerhalb der Grünen-Landtagsfraktion für Europa zuständig war, kämpfte gegen eine Zustimmung seitens der Grünen. Er hatte einen Antrag eingebracht, der die Grünen im Bundestag – dort wurde das letztlich entschieden – aufforderte, den Lissabon-Vertrag bei der dort anstehenden Abstimmung abzulehnen. Für ihn war der Lissabon-Vertrag, so wie er vorlag, zu einseitig neoliberal, sozial nicht ausgewogen und würde überdies noch eine Hochrüstung in der EU zur Folge haben. Für die »Pro-Europäer«, zu denen die Mehrheit meines Europa-Arbeitskreises (auch ich) und Jerzy Montag, der rhetorisch sehr gewandte Bundestagsabgeordnete der Münchner Grünen, zählten, war der Lissabon-Vertrag trotz aller Bedenken ein großer Schritt in Richtung Europäischer Einigungsprozess. Auf keinen Fall wollten wir das Image der Grünen als *die* Europapartei – was bei den Europawahlen von den Wählern regelmäßig mit überdurchschnittlich guten Wahlergebnissen honoriert wurde – mit einem »Nein« zum Lissabon-Vertrag aufs Spiel setzen. Ein »Nein« aus dem bayerischen Landesverband der Grünen wäre zwar nicht wirklich bindend für die Bundestagsfraktion gewesen, aber eben doch eine Art Selbstverpflichtung zumindest für die grünen Bundestagsabgeordneten aus Bayern. Es ging hoch her bei dieser Debatte auf diesem Parteitag. Dort hatte ich meinen Einstand auf einem Landesparteitag, an dem ich erstmals teilnahm. Und als neu gewählter Sprecher des zuständigen Landesarbeitskreises musste ich selbstredend auch »in die Bütt« – ich musste eine Rede halten. Ich notierte mir spontan ein paar Stichworte und hoffte, dass ich meine Aufregung vor meiner »Jungfernrede« auf einem Parteitag im Zaum halten konnte und meine Gedanken sortiert und gleichzeitig schlüssig vor etwa 200 Delegierten würde vermitteln können. Mein Hauptargument war, dass ich schon auch die Bedenken gegen das Vertragswerk sähe, es aber doch überwiegend ein weiterer Schritt vorwärts zu einem einigen Europa sei. »Das ist nicht der letzte Schritt auf unserem Weg. Aber es ist ein wichtiger Schritt, den wir jetzt gehen müssen! Wenn wir den nicht gehen, bleibt alles beim Alten, und das können wir als überzeugte Europäer doch nicht wollen!«, rief ich den Delegierten zu. Nach meiner kämpferischen, ohne Manuskript recht frei gehaltenen Rede war mein Landesarbeitskreis mit mir zufrieden. Ja, sogar Martin Runge, mein wichtigster Widerpart in dieser Frage, anerkannte meinen »ganz ordentlichen Redebeitrag«. Mein erster Parteitagsauftritt war erfolgreich, wir gewannen die Abstimmung, wenn auch nicht mit überwältigender Mehrheit. Meine erste Bewährungsprobe bei den Grünen war ermutigend. Und sie hatte mir auch noch Spaß gemacht, denn was gab es Spannenderes, als in einem politischen Diskurs ganz vorne mitzudiskutieren und für seine Überzeugungen dann auch noch eine Mehrheit zu gewinnen!

Wie wandelbar doch (Zu-)Stimmungen und Mehrheiten in einer Partei sein konnten, lernte ich ein Jahr später: Jener Schatzmeister, dem ich zunächst unterlegen war, wurde zum Landesgeschäftsführer der bayerischen Grünen berufen. Er gab sein Münchner Schatzmeisteramt auf und fragte mich, ob ich denn nicht sein Nachfolger werden wolle. Das wollte ich natürlich immer noch! Allerdings war ich schon etwas misstrauischer und vorsichtiger geworden und wägte das Risiko einer Kandidatur genauer ab. Diesmal hatte ich gleich zwei Mitbewerber, gewann aber trotzdem mit Zwei-Drittel-Mehrheit die Wahl in jenes Amt, das mir vor gerade mal einem Jahr nur ein Drittel der Münchner Grünen zugetraut hatte. Es kommt also immer auf die richtige Konstellation, die richtigen Unterstützer und den richtigen Zeitpunkt für eine Kandidatur an. Und auch darauf, wie man mit einer Niederlage umgeht. Schließlich hatte ich mich nach der anfänglichen Niederlage nicht in den Schmollwinkel zurückgezogen, sondern hatte mich eben zwischenzeitlich für das Europa-Thema eingesetzt. Diese ziemlich rasant verlaufenden »Lehrjahre« waren sozusagen das »Vorgeplänkel« meiner Nominierung als Direktkandidat. Mit diesem Rückenwind wollte ich mich daranmachen, auch die nächste Hürde zu nehmen, einen der vorderen zehn aussichtsreichen Listenplätze auf der Landesliste der bayerischen Grünen zur Bundestagswahl 2009 zu erreichen.

KAPITEL 5
Showdown in Amberg

Nach der Nominierung als Direktkandidat im November 2008 im »Stemmerhof« ging das Leben für mich erst mal zehn Wochen lang seinen gewohnten Gang. Nach außen hatte sich nichts oder jedenfalls recht wenig geändert. Ich fühlte mich auch nicht anders als vorher. Außer dass ich zwischendurch darüber grübelte, wie es Richtung Bundestag für mich weitergehen sollte. Ich feierte meinen Geburtstag und den 65. Geburtstag meiner Mutter; im Büro bewältigte ich den alljährlichen Stress vor den Weihnachts- und Neujahrsfeiertagen. Dazu das alljährliche Ritual von Adventstreffen, Weihnachtsfeiern und Weihnachtsgrüßeverschicken. Im Januar 2009 ging es dann weiter mit den üblichen Neujahrsempfängen.

In den Wochen, seitdem ich Wahlkreiskandidat war, häuften sich die Parteitermine nicht mehr als sonst. Mit einem Unterschied: Als Kandidat für den Bundestag stand ich stärker unter Beobachtung, das spürte ich. Alles, was ich zu einzelnen Themen so von mir gab, wurde schon etwas genauer unter die Lupe genommen. Von erfahrenen Parteifreunden holte ich Ratschläge ein, wie ich meinen Wahlkampf angehen und wie ich mich auf die noch folgende Aufstellungsversammlung vorbereiten sollte. Was ich damals nicht begriff, war, dass ich eigentlich den übernächsten Schritt vor dem nächsten tat. Viel wichtiger wäre es gewesen, bayernweit für meine Kandidatur zu werben. Denn bisher war ich nicht weniger – aber auch nicht mehr – als einer von vielen Wahlkreiskandidaten der Grünen in Bayern.

Ich hatte mich nicht informiert, wer denn eigentlich noch so alles für die Landesliste kandidieren würde. Ich hatte folglich auch nicht analysiert, aus welchen Bezirken die anderen Kandidierenden kamen und für welche Themenschwerpunkte sie standen. Das aber war bei der Listenaufstellung von Bedeutung, weil natürlich möglichst aus jedem der sieben Bezirke Bayerns Bundestagsabgeordnete stammen sollten. Und weil möglichst nicht alle künftigen Abgeordneten Experten für Verkehrspolitik oder Energiepolitik sein sollten ...

Als ich in der zweiten Januarwoche ein dickes Päckchen aus dem Briefkasten fischte, wusste ich: Es wird allmählich ernst! Da kam die »Aussendung zur außerordentlichen Landesversammlung zur Aufstellung der bayerischen Landesliste zum 17. Deutschen Bundestag«. Das war die Einladung zum Landesparteitag am 31. Januar in Amberg, jenem Datum und Ort, wo es auch für mich galt, die entscheidende Hürde auf meinem Weg in den Bundestag in Angriff zu nehmen: einen guten Platz auf der bayerischen Landesliste.

Neugierig riss ich das Kuvert auf und staunte nicht schlecht, als ich die ersten 26 schriftlichen Bewerbungen zu lesen bekam. In der Reihenfolge, in der sie in der Landesgeschäftsstelle eingereicht worden waren, waren sie nunmehr durchnummeriert von »B01 Hans-Josef Fell/KV Bad Kissingen« bis »B26 Birgit Raab/KV Ansbach«. Meine Bewerbung war die Nummer »B05«. Aus dieser Reihenfolge ließ sich nichts über die Chancen bei der Abstimmung ablesen, Claudia Roth war gerade mal unter »B22« einsortiert, aber da durfte man getrost davon ausgehen, dass sie als Spitzenkandidatin und Parteivorsitzende auf Platz 1 zur Wahl antreten und auch gewählt werden würde. Mich erschreckte die schiere Zahl der Bewerbungen. Aber das waren noch nicht alle, denn vor Ort, in Amberg, im Kongresszentrum, wurde noch eine Tischvorlage mit weiteren 15 schriftlichen Bewerbungen verteilt. 41 Grüne aus ganz Bayern – ich kannte nur ganz wenige von ihnen – bewarben sich also mit mir um einen Listenplatz. Das war so was von ernüchternd!

Eingehend studierte ich in den nächsten Tagen die schriftlichen Bewerbungen. Die waren zwar alle recht ausführlich, aber auch sehr unterschiedlich gehalten. Keine Bewerbung glich äußerlich der anderen. Die Grünen waren halt eine bunte Truppe, so bunt wie die Lebensläufe und Parteikarrieren derer, die sich hier vorstellten. Die Themen, wegen derer die Bewerberinnen und Bewerber in den Bundestag einziehen wollten, überschnitten sich natürlich deutlich. Hätte man ein Glossar erstellt, hätten die Begriffe »Klimakrise«, »Finanzkrise«, »Nachhaltigkeit« »Klimawandel« oder auch das Begriffspaar »Ökologie und Ökonomie« die Hitliste der häufigsten Nennungen angeführt. Die Leute der »Netzbegrünung«, sozusagen die Netzpolitiker der Grünen, machten sich deshalb auf manchen Parteitagen einen Spaß daraus, Zettel mit einem »Parteitags-Bingo« zu verteilen. Auf diesem Zettel waren an die zwanzig solcher typischer Begriffe, die von Grünen häufig in Parteitagsreden verwendet wurden. Hatte man mindestens sechs solcher Begriffe während einer Rede gehört und angekreuzt, sollte man laut »Bingo« in den Saal rufen. Soll noch jemand behaupten, Grüne hätten keinen Humor! Jedenfalls habe ich es mal erlebt, wie Claudia Roth von einem lauten »Bingo«-Ruf im Saal unterbrochen wurde, nachdem sie gerade sechs solcher typischen Parteitagsbegriffe verwendet hatte. Damit nahm die »Netzbegrünung« das Floskelhafte, das sich Wiederholende in Parteitagsreden amüsant auf die Schippe, ganz zur Freude der Parteibasis, die das Spielchen gerne mitmachte.

Die Vielfalt der Themen, für die meine Mitbewerber also kämpfen wollten, kannte jedenfalls kaum Einschränkungen: Kultur, Internationales, Europa, Soziale Gerechtigkeit. Mit meinen Schwerpunkten »Gleichstellung«, »Bürgerrechte« und »Grüne Wirtschaftspolitik« besaß ich leider kein Alleinstellungsmerkmal, meine Bewerbung war eine unter vielen. Zudem war ich den meisten auch noch unbekannt (und umgekehrt). Das ließ den Pegel an Anspannung im Vorfeld dieses »Showdown«, der bald in Amberg anstehen sollte, bei mir weiter ansteigen. Ein Zurück aber war völlig undenkbar. Da musste (und wollte) ich jetzt durch.

Die zweieinhalb Stunden mit der Bahn von München ins oberpfälzische Amberg, über Nürnberg und vorbei an der rostenden Industriebrache »Maxhütte« in Sulzbach-Rosenberg, über die vor vielen Jahren in der bayerischen Landespolitik wegen der erheblichen Subventionen – die dann schließlich trotzdem wirkungslos geblieben sind – heftig gerungen worden war, sind kein weiter Weg. Aber für die Landschaft hatte ich ohnehin keinen Sinn an diesem Morgen. Die Gespräche der anderen Münchner Parteifreunde, die im selben Zugabteil saßen und deren Gesellschaft diese Fahrt ein bisschen kurzweiliger machte, nahm ich auch nur wie durch Watte wahr.

Im Amberger Congress Centrum (ACC) würde sich an diesem Tag entscheiden, wer für die bayerischen Grünen in den 17. Deutschen Bundestag einziehen könnte. In der ganzen Bundesrepublik hatte es mit Hans-Christian Ströbele, der Ikone der Parteilinken, bisher nur ein Grüner geschafft, direkt, also mit der Mehrheit der Erststimmen in seinem Wahlkreis, in den Bundestag gewählt zu werden. Die anderen kamen über die Zweitstimmen in den Bundestag. Es kam daher für alle Kandidaten, die ernsthaft in den Bundestag einziehen wollten, auf den Platz auf der Landesliste an. Auf einem der Plätze eins bis zehn wollte ich dabei sein. Das wollten allerdings auch sicher alle anderen Kandidaten, die zur außerordentlichen Landesversammlung in Amberg angereist waren.

Schon bei der Ankunft in der Tagungshalle war die Spannung physisch greifbar. Ein reges Hin und Her herrschte zwischen den Tischreihen. Parteipromis und Abgeordnete, die sonst auf Parteitagen von ihren reservierten Plätzen ganz vorne im Saal eine meist vorgeplante Regie gelassen mitverfolgten, wanderten von draußen nach drinnen, tuschelten mal in der einen, mal in der anderen Ecke des Kongresszentrums und zeigten dabei in alle Richtungen ein zuversichtliches Lächeln. Manche winkten mal hierhin, mal dahin zu Parteifreunden im Saal, obwohl man dabei nie recht wusste, ob das Winken tatsächlich jemand Bestimmtem galt, den man eventuell in einer der Stuhlreihen erkannt haben mochte, oder ob das eher ein Reflex war, mit dem man die Nähe zur Basis und Leutseligkeit ausdrücken wollte. Andere grüßten mit einem gelegentlichen Kopfnicken in die Menge hinein – wahrscheinlich aus demselben Grund wie die Winker. Die meisten von ihnen wollten schließlich wieder auf einen der vorderen Listenplätze gewählt werden. Eifrige Kandidaten oder Mitarbeiter von Abgeordneten verteilten in den Reihen in letzter Minute Flyer zu allem, womit sie sich den Parteitagsdelegierten noch besonders empfehlen wollten: eine Bilanz ihrer Abgeordnetentätigkeit, eine stichwortartige Übersicht ihrer Arbeit in ihrem Arbeitskreis oder in ihrem Kreisverband oder Bezirk.

Ich hatte mich, unausgeschlafen und innerlich aufgeregt, ganz hinten in einer der letzten Reihen auf einen der letzten freien Stühle gesetzt, direkt neben unseren amtierenden Münchner Bundestagsabgeordneten Jerzy Montag und dessen Wahlkreismitarbeiterin Lotte (genau, *die* Lotte)!

Einen ersten Vorgeschmack, wie solche Versammlungen bei den Grünen ablaufen, hatte ich bereits kurz nach meinem Parteieintritt bekommen. Damals, im Herbst 2007, wählten die Münchner Grünen ihre Kandidaten für die anstehende Stadtratswahl. Diese Versammlung entpuppte sich als wahrer Wahlmarathon, der von neun Uhr morgens bis neun Uhr abends zwölf lange Stunden, dauerte. Und dann war gerade mal das erste Dutzend potenzieller Stadträte auf der Liste gewählt. Teilweise waren in einem Wahlgang an die 20 Kandidaten gegeneinander angetreten.

Ich ahnte also, was in den nächsten Stunden auf mich zukommen würde. Hier in Amberg, am Ufer der Vils, wurden nun bald Bundestagsabgeordnete »gemacht«, hier ging es um den Traum, Politik auf Bundesebene konkret mitgestalten zu können, darum, mitreden zu können, zu den politischen Entscheidern zu gehören. Natürlich auch um Diäten von circa 7000 Euro im Monat, um Privilegien, um politische und persönliche Existenzen.

Die auf solchen Parteitagen üblichen Begrüßungen und Grußworte begannen ebenso pünktlich wie sie kurz gefasst waren. Der Oberbürgermeister von Amberg (CSU) gab uns die Ehre und freute sich, dass wir Grüne seine Stadt als Ort für diese wichtige Versammlung ausgewählt hatten, und anschließend begrüßte uns die Kreisvorsitzende der Grünen im Amberg, die sich nicht minder darüber freute, dass wir alle in der für uns Grüne schwierigen, da fest in »schwarzer Hand« befindlichen Region zu Gast waren. Obwohl gleich anschließend die notwendigen und gesetzlich vorgeschriebenen Formalitäten – die Wahl einer Versammlungsleitung, einer Mandatsprüfungskommission, eines Wahlausschusses, eines Schriftführers und stellvertretenden Schriftführers, einer Vertrauensperson und stellvertretenden Vertrauensperson und zweier Personen, die die Liste dann an Eides statt zu unterschreiben haben würden – routiniert und rasch abgewickelt wurden, kam mir das alles wie eine kleine Ewigkeit vor.

Trotz der ungeduldigen Spannung von mir und meinen Konkurrenten, die sich in Kürze am Rednerpult überzeugend in Szene setzen mussten, kam auch dieser Parteitag nicht ohne aufputschende Einstimmungsreden aus. Solche Reden waren, wie immer, zur Motivation und Mobilisierung der eigenen Partei gedacht. Aber noch viel mehr für die anwesende Presse, für all die Mikrofone und Kameras, die in der Halle Stellung bezogen hatten und die darauf hofften, vielleicht eine Koalitionsaussage oder ein anderes Statements zu ergattern, das Nachrichtenwert hat.

Diese Anfeuerungsreden übernahmen Theresa Schopper, die bayerische Landesvorsitzende mit ihrem unverkennbar bayerischen Akzent, und Cem Özdemir, der erst kürzlich gewählte Bundesvorsitzende, der sich auch gerne als Baden-Württembergischer Türke bezeichnete. Keiner von beiden ließ erwartungsgemäß ein gutes Haar an der Großen Koalition. Vieles von dem, was beide wortreich und in kämpferischer Tonlage aufs Korn nahmen, alles, was sie für die nahende Bundestagswahl beschworen, was besser und anders werden würde, wenn wir Grünen an der Regierung sein würden, konnte ebenso wenig verwundern. Schließlich waren wir ja alle deswegen in genau dieser einen Partei und nicht bei einer Veranstaltung der politischen Konkurrenz. Derartige »Feldgottesdienste«, mit denen an der Parteibasis für den anstehenden Wahlkampf Stimmung und Kampfeslust erzeugt werden und mit der die eigene Partei gegenüber den anderen abgegrenzt werden soll, gehören eben zu den Ritualen einer Parteien-Demokratie. Allerdings würde die Parteibasis bald das meiste von dem, was sie eben von den beiden hörte, nachher gleich noch mal, in vielfältigen Variationen, von denen zu hören bekommen, die gerne für die Grünen nach Berlin geschickt werden wollten.

Der Applaus nach den Einstimmungsreden war kaum verklungen, da kam schon jener Moment, der der eigentliche Zweck der Veranstaltung war und dem alle entgegenfieberten: »Wir kommen jetzt zu TOP 6, der Aufstellung der Landesliste zur Bundestagswahl.« Ruhe kehrte in den Saal ein. Jetzt nur nichts verpassen, schon gar nicht den eigenen Einsatz! »Euch liegt ein schriftlicher Vorschlag zum Wahlmodus vor.« Das Präsidium erläuterte die strengen Spielregeln: Es würde in jeweils höchstens drei Wahlgängen je Listenplatz gewählt werden. Alle Kandidaten durften sich nur einmal vorstellen, in alphabetischer Reihenfolge, exakt sieben Minuten lang. Weitere drei Minuten lang durften Fragen beantwortet werden.

Die Tatsache, dass man sich nur einmal vorstellen durfte, verlangte einem ab, den richtigen Zeitpunkt für die Kandidatur genau zu überlegen. Stieg man zu früh ein, also auf einem der ersten Listenplätze, bestand das Risiko, »durchgereicht« zu werden. Das heißt: Man trat wieder und wieder an, wurde aber eben nicht gewählt, weil aussichtsreichere und neue Kandidaten hinzukamen. Und da man sich ja nur ein einziges Mal mit einer Rede den Delegierten vorstellen durfte, lief man Gefahr, dass man gegenüber den anderen Kandidierenden mehr und mehr in Vergessenheit geriet. Trat man zu spät an, konnte man den richtigen Zeitpunkt ebenfalls verpasst haben. Für Neulinge wie mich war dies kaum richtig einzuschätzen. Der richtige Zeitpunkt für die erste Kandidatur war ein kniffliges Problem, das mich zusätzlich in große Unruhe versetzte, um nicht zu sagen: in Panik.

Bei der Überlegung, für welchen Listenplatz ich mich zur Wahl stellen wollte, durfte ich das »Frauenstatut« der Grünen nicht außer Acht lassen. Es ist seit 1986 bei Wahlen und Listenaufstellungen etwas beinahe »Allerheiliges«, jedenfalls etwas Unumstößliches. Als Kind hatte ich im Urlaub an einem italienischen Strand mal erlebt, wie die Kinder in dem benachbarten Erholungsheim fein säuberlich nach Geschlecht getrennt in die Adria durften. Zuerst pfiff die Heimleiterin die Jungs ins Meerwasser. Nach einer halben Stunde war für die erst mal Schluss, dann kamen – wieder auf Pfiff – die Mädchen dran. Und so ging das den halben Nachmittag. Die traditionelle Frauenquote bei den Grünen hat dagegen nichts mit Trennung zu tun, wohl aber damit, den Frauen möglichst die Hälfte der Sitze in den Parlamenten zu sichern, was in den anderen Parteien trotz aller halbherzigen Quotendiskussionen aber ohne Frauenquote bis heute nicht möglich ist. Jedenfalls sorgt das »Frauenstatut« dafür, dass Frauen und Männer im »Reißverschluss-Verfahren« gewählt werden: Auf allen ungeraden Plätzen kandidieren also ausschließlich Frauen (in den Wahlgängen eins, drei, fünf und so weiter). Auf den geraden Plätzen dürfen Frauen *und* Männer kandidieren, also wieder auch Frauen. Aber ich habe es in meiner Grünen-Zeit sehr, sehr selten erlebt, dass der stillschweigende Komment, dass auf jene »offenen« Plätzen (in den Wahlgängen zwei, vier, sechs und so weiter …) tatsächlich auch Frauen kandidiert hätten. De facto kandidierten auf den geraden Listenplätzen nur die männlichen Bewerber. Wenn man nun, wie ich, als Mann auf einem Listenplatz antreten wollte, war diese grüne Besonderheit von Bedeutung: Um auf einen der ersten zehn Listenplätze gewählt zu werden, hatte man nur fünf Möglichkeiten für seine Kandidatur, nämlich die Plätze 2, 4, 6, 8 und 10. Und es hieß zudem, dass man, wenn man in »seinem« Wahlgang nicht gewählt worden war, erst mal wieder den »Frauen-Wahlgang« abwarten musste. Das machte die Entscheidung noch komplizierter, ab wann »Mann« denn sinnvollerweise seinen Hut in den Ring werfen sollte.

In meinem Fall – um das Maß an Kompliziertheiten noch voller zu machen – musste ich auch noch berücksichtigen, dass wir Münchner Grünen unserem amtierenden Bundestagsabgeordneten Jerzy Montag zugesagt hatten, dass andere Bewerber aus München (zu denen ich zählte) erst dann antreten würden, sobald er gewählt worden war. So hatten wir das beschlossen, und daran mussten wir uns auch halten.

Genug der Komplikationen – los ging's! Auf Platz 1 wurde, ganz so wie man sie eben kennt, nach einer gewohnt kämpferischen Rede (war die wirklich nur sieben Minuten lang?) unangefochten und ohne Gegenkandidat mit über 80 Prozent Claudia Roth als Spitzenkandidatin bestätigt. Ihr waren damit nach fast zehn Jahren für die Grünen im Europaparlament und weiteren zehn Jahren im Bundestag mindestens weitere vier Jahre im Berliner Reichstag sicher.

Auf Platz 2 wurde es schon unerwartet spannend: Ein mir völlig unbekannter Student aus Bayreuth traute sich gegen die Ikone grüner Energiepolitik anzutreten, den »Vater des Erneuerbare-Energien-Gesetzes (EEG)« Hans-Josef Fell, der schon seit 1998 im Bundestag saß. Zur Verblüffung des klaren Favoriten und von uns allen erreichte der junge Kandidat mit seiner Rede, die sich für mich ziemlich einstudiert anhörte, die andererseits aber ganz auf »Wählt auch mal neues Blut in die Parlamente und erinnert euch an eure alten Zeiten der Ämter-Rotation« abzielte, immerhin ein Drittel der Stimmen. Der altgediente Bundestagsabgeordnete musste sich mit 61 Prozent der Delegiertenstimmen begnügen.

Von diesen kleinen »Dramen« erfährt die Öffentlichkeit in aller Regel nichts. Im Fernsehen, im Rundfunk, in den Zeitungen reduziert sich die Berichterstattung über solche Aufstellungsversammlungen auf Schlagzeilen wie »Claudia Roth führt wieder die bayerischen Grünen in Wahlkampf.« Oder: »Claudia Roth mit großer Mehrheit als Spitzenkandidatin für die Bundestagswahl wiedergewählt«. Oder noch knapper: »Claudia Roth wiedergewählt«. Darüber, wie viele Demütigungen und Schreckmomente von den am Ende doch (Wieder-)Gewählten durchgestanden werden müssen, davon, wie viele Runden manche Kandidaten drehen müssen, bis sie endlich vom Versammlungspräsidium von ihrer Anspannung mit dem Satz erlöst werden »Gewählt ist somit ...«, gefolgt von ihrem Namen, davon ist selten etwas zu lesen. Dabei entscheidet das Wahlergebnis zum Beispiel bei einer solchen Listenaufstellung nicht unwesentlich über die Hackordnung innerhalb der Partei und der Fraktion.

Von Wahlgang zu Wahlgang wurde es nun spannender: Mal traten mehrere amtierende Bundestagskollegen gegeneinander an, mal bis zu neun Bewerber in einem Wahlgang. Die Delegierten kramten währenddessen immer wieder mal in ihren Unterlagen mit den schriftlichen Bewerbungsschreiben der Kandidierenden, um noch einigermaßen den Überblick zu behalten. Das war nicht leicht, wenn jeder Siebte im Saal gerne in den Bundestag gewählt werden wollte. Die Parteibasis hatte viel zu entscheiden. Hier und heute galt es: »Hic Amberg, hic salta« – »Hier ist Amberg, hier zeige, was du kannst«. Hier und heute entschied sich innerhalb weniger Minuten, ob es einem gelang, die Delegierten mitzureißen und zu überzeugen, oder aber ob man sie langweilte und enttäuschte.

Dank eines Televoting-Gerätes, auf dem die Delegierten von ihrem Platz aus wie mit einer gängigen Fernbedienung ihre

Stimme abgaben, erschienen die jeweiligen Abstimmungs-
ergebnisse binnen Minuten auf der riesigen Leinwand über
dem Präsidiumstisch. »Abgegebene Stimmen, gültige Stimmen, Enthaltungen, Nein-Stimmen« und dann die Stimmen-
zahl hinter den einzelnen Namen, fein säuberlich in alphabetischer Reihenfolge. Für den einen oder anderen war damit
die Spannung schneller beendet, aber eben auch die Hoffnung
umso schneller zerstoben.

KAPITEL 6
Ich küsste den Frosch

Je länger sich die Prozedur von Kandidatur zu Kandidatur, von Vorstellungsrede zu Vorstellungsrede hinzog, desto klarer wurde mir: Mittlerweile war eigentlich schon so ziemlich alles gesagt, was ich auch sagen wollte. Manch schöner Satz, mit dem ich die Delegierten überzeugen wollte, war schon von anderen vor mir gesagt worden und damit verbraucht. Immer wieder strich ich einzelne Passagen in den Notizen für meine Rede heraus, suchte nach Ersatz-Formulierungen.

In dem Spielfilm »Elizabeth«, einem Film von Regisseur Shekhar Kapur aus dem Jahr 1998, gibt es eine ausführliche Szene, in der die junge Königin Elizabeth I. ihre Rede einstudiert, mit der sie anschließend das Englische Parlament für die Annahme der Uniformitätsakte überzeugen will. Der Film zeigt die Qualen, die ihr allein der Beginn ihrer Rede bereitet. Ein einziger Satz wird hin und her gewälzt, die richtige Anrede, die Stimmlage geübt. Selten wurden die Mühen besser dargestellt, die jeder Redner hat, der sich mit Lampenfieber vor dem entscheidenden Auftritt vor einem größeren Publikum martert. So ähnlich hatte auch ich tagelang meine Rede vor den 300 Delegierten dieses Parteitags wieder und wieder einstudiert und versucht, alles, was ich an Botschaften rüberbringen wollte, in die sieben Minuten zu packen, die mir zur Verfügung stehen würden.

Als Jerzy Montag, unser Münchner Spitzenkandidat, endlich und mit einiger Mühe auf Platz 6 der Liste gewählt worden war, hielt es mich nicht mehr auf meinem Platz. »Wann wirst du denn antreten?«, hatten mich manche Parteifreunde schon vorher gefragt. »Jetzt!«, flüsterte ich meiner Tischnachbarin zu. Mein Herz pochte nicht wenig auf den paar Metern nach vorne zum Präsidium, wo man auf einem Zettel zu notieren hatte, für welchen Listenplatz man antreten wollte. Listenplatz 8 also sollte es für mich werden. »B« ist im Alphabet ganz vorne, weshalb mein Name der erste war, der für diesen Platz vorgelesen wurde. Und dann nahm die Namensnennung kaum mehr ein Ende: zwölf Kandidaten hatten dieselbe Eingebung und dieselbe Absicht, sie wollten Platz 8 der Landesliste für den Bundestag ergattern. »Gibt es weitere Kandidaturen?«, fragte das Präsidium. »Gab's denn überhaupt noch Namen, die nicht genannt waren?« – das fragte ich mich. »Das ist nicht der Fall«, verkündete das Präsidium. Ich war endlich an der Reihe und stieg die paar Stufen auf die Bühne hoch, postierte mich hinter dem Rednerpult, legte meine zerknitterten Redenotizen vor mich hin und richtete das Mikro auf meine Höhe ein. Meine Rede hatte ich mir ursprünglich im Wortlaut aufgeschrieben, wichtige Formulierungen unterstrichen oder fett gedruckt und dann zusätzlich mit einem grünen Textmarker markiert, wo ich zum Beispiel durch Betonung besondere Effekte erzielen wollte. Am Ende war das aber recht unübersichtlich geworden. Allerdings kannte ich ohnehin fast jedes Wort auswendig. Gegen eine unaufmerksam murmelnde Geräuschkulisse forderte ich: »Ich will, dass von diesem Parteitag eine Botschaft ausgeht, die Mut macht, wo uns doch der Kopf raucht vor lauter Krisen.« Immerhin ein erster Anstandsapplaus. Dann zog ich einen Frosch hinter dem Pult hervor, legte ihn auf meine linke Handfläche und hob ihn den Delegierten entgegen. Ich weiß gar nicht mehr, wo ich diesen Frosch ursprünglich herhatte. Er saß in seiner ganzen Grünheit auf einem Stein und trug, wie der Froschkönig im Märchen, eine goldene Krone auf dem Kopf. Während ich zu Hause an meiner

Rede für diesen Parteitag tüftelte, entdeckte ich diesen kitschigen Frosch in einer Schublade und war von der Idee nicht mehr abzubringen, ihn als »special effect« einzusetzen. »Liebe Freundinnen und Freunde, das ist ein grüner Frosch. Angela Merkel glaubt, wenn man so einen Frosch nur lange genug küsst, wird eines Tages schon ein Prinz daraus. Aber so funktioniert Politik nicht!« Claudia Roth schaute von ihrem Platz in der ersten Reihe kurz amüsiert zu mir hoch. Ich wetterte gegen »die Klientelpolitik dieser Bundesregierung« und stichelte besonders gegen Guido Westerwelle: »Eine gelbe Krawatte macht noch keinen Sonnenkönig.« Ich empfahl mich als jemand, der mit zwanzig Jahren Berufserfahrung im Mittelstand wirtschaftlichen Sachverstand und Lebenserfahrung in den Bundestag einbringen würde. Mein Satz »Wir Grünen haben die deutsche Gesellschaft kräftig durchgelüftet« erntete kurzen Applaus, ebenso wie der Satz, wonach weder das Portemonnaie noch der Pass der Eltern über die Chancen der Kinder entscheiden dürften.

Plötzlich, mitten in meinem Redefluss, leuchtete ein rotes Lämpchen vor mir am Rednerpult auf. Meine sieben Minuten Redezeit waren um! Ich hatte doch eben erst angefangen! Dieses rote Lämpchen brachte mich völlig aus dem Konzept. Statt einer Abschlusspointe würgte ich meine Rede ab, brummte noch einen improvisierten Schlusssatz und machte das Pult für den nächsten Redner frei. Hatte ich nicht wieder und wieder meine Rede geprobt und dabei die Zeit gestoppt, damit sie ja in das Korsett der sieben Minuten passen würde? Aber im Eifer des Gefechts hatte ich den Überblick über all meine Änderungen und zusätzlichen Notizen verloren und mich in meiner Aufregung um die eine oder andere Minute verquatscht.

Bevor den Kandidaten Fragen gestellt werden durften, mussten sie das Rednerpult räumen und sich wieder zu den Delegierten in den Saal setzen. Auf dem Weg zurück an meinen Platz rief mir Margarete Bause, unsere Fraktionsvorsitzende im Landtag, mit der ich mich gut verstehe und die ich auch sehr schätze, lachend zu: »Da hast du aber wirklich nichts ausgelassen!« War das nun gut oder sollte das bedeuten, ich sei zu unspezifisch, zu allgemein gewesen?

Es kam aber noch schlimmer. »Hat jemand Fragen an den Kandidaten?«, wurden die Delegierten vom Präsidiumstisch aus aufgefordert. Aber es meldete sich niemand. Bedeutete das völliges Desinteresse der Parteibasis an meiner Kandidatur und an meiner Person? Hätte ich vielleicht ein, zwei Fragen von befreundeten Delegierten »bestellen« sollen – wie das durchaus üblich ist –, damit ich noch mal eine »Nachspielzeit« bekam? Mit einer pfiffigen Antwort auf eine kritische Frage hätte ich – wie vorher und nachher andere Kandidaten – durchaus noch zusätzliche Punkte sammeln können. Jetzt war's aber zu spät. Der Einsatz lag auf dem Tisch, die Kugel im Roulette rollte und war nicht mehr zu stoppen …

Von meinem Platz aus hörte ich erschöpft und fast teilnahmslos eine gute Stunde lang den Reden meiner Mitbewerber zu, die nach mir für denselben Wahlgang folgten. Dann wurde endlich das Ergebnis durchgeben: »Abgegebene Stimmen: 277, das Quorum betrug 139 Stimmen, Enthaltungen: 0, Nein-Stimmen: 1.« Das »Quorum« ist die Zahl an Stimmen, die jeder Kandidat mindestens erreicht haben müsste, um gewählt zu sein, meistens eine Stimme mehr als die Hälfte. Hatte ich jene 139 Stimmen erreicht? War ich wenigstens nahe daran? Als ich auf die Televoting-Leinwand schaute, war ich maßlos enttäuscht und hörte noch im selbst Moment, was ich selbst da vorne mit schwarzer Schrift auf grünem Hintergrund zu sehen bekam: »Auf Hermann Brem entfielen 20 Stimmen …« Fast alle anderen Kandidaten dieses Wahlgangs hatten mehr Stimmen bekommen als ich. Schon für die anschließende Stichwahl der drei Bestplatzierten reichte es also bei mir nicht. Acht Stimmen mehr hätten den Unterschied gemacht und ich wäre wenigstens in der Stichwahl gewesen und hätte dabei noch mal eine Chance gehabt. Acht Stimmen Unterschied bei insgesamt 300. Dabei hatten doch wir Münchner Grünen schon 30 Delegierte, aber nicht mal die hatten alle für mich gestimmt.

Woran lag's? An meiner Rede? Am roten Lämpchen und dem vermurksten Schluss? Daran, dass die Delegierten nicht gleich schon wieder einen Bewerber aus München auf die Liste wählen wollten? Während ich so über die Gründe für die wenigen Stimmen nachdachte, setzte sich in der zweiten Stichwahl mein Mitbewerber, der aus Landshut in Niederbayern kam und als Sprecher des Landesarbeitskreises Wirtschaft/Finanzen bekannt und geschätzt war, auf Platz 8 durch.

Als anschließend auf dem Frauenplatz 9 eine Pianistin aus Ingolstadt gewählt wurde, hatte ich dem Präsidium meine Bewerbung für Platz 10 bekannt gemacht. Vorstellen durfte ich mich laut der Regularien allerdings nicht mehr. In diesem Wahlgang musste ich mir das Bewerberfeld mit 17 anderen Kandidaten teilen. Wieder reichte es bei mir nicht für die Stichwahl, im Gegenteil: Ich hatte (war das möglich?) noch weniger Stimmen als vorher. Gewählt wurde diesmal der Franke, der im vorletzten Wahlgang unterlegen war. Über mein Handy teilte ich bei jedem Wahlgang, für den ich antrat, per SMS meinen Freunden zu Hause meinen Kummer mit: »Wieder nicht gewählt.« Die »Kopf hoch, im nächsten Wahlgang klappt's«-Antworten, die ich erhielt, trösteten mich nur wenig.

Trotzdem, ans Aufgeben wollte ich gar nicht erst denken. Wieder trottete ich nach vorne zum Präsidiumstisch.

»Du trittst für Platz 12 an?«

»Ja«, antwortete ich, »neues Spiel, neues Glück.«

Für Platz 12 las das Präsidium nun 16 Namen vor. Trotzdem hoffte ich, dass es diesmal klappen würde. Damit hätte ich mich doch noch sehen lassen können in meinem Wahlkreis und bei meinen Freunden in München! Doch dann kam mein ganz persönlicher »Terminator«: Karl Bär, ein rotschopfiger Student aus dem Kreisverband Miesbach im bayerischen Oberland. Ich hatte ihn zwar auf dem Weg vom Amberger Bahnhof zum Kongresszentrum mit einem Transparent über der Schulter gesehen, aber nicht besonders beachtet. Seine Rede allerdings hatte es in sich! Listenplatz für Listenplatz hatte die Basis in den letzten Stunden mehr oder weniger diejenigen Kandidaten auf aussichtsreiche Listenplätze gewählt, die nach dem Willen der Parteispitze dort auch hatten platziert werden sollen. Vorher hatten alle sieben Bundestagsabgeordnete auch für diese Bundestagswahl wieder einen sicheren Platz bekommen, gefolgt von ein paar neuen Gesichtern, von denen aber auch schon einige beim letzten Mal auf der Liste vorne standen. Nun war es Zeit für einen »echten« Neuling. Das hätte meine Chance sein können. Aber jetzt kam da dieser frische, freche, junge Oberbayer, der dem Saal aus der basisdemokratischen Seele sprach. Seine Rede war gespickt mit Schlüsselwörtern für lang gediente Grüne, er sprach von den Wurzeln der grünen Bewegung auf der Straße, bei Demonstrationen, bei den Sitzblockaden vor Gorleben, und wie bedeutsam es sei, diesen Wurzeln auch im Bundestag treu zu bleiben. Er punktete mit seiner Herkunft vom Land und wie bedeutsam es sei, gerade dort der CSU Paroli zu bieten und eben nicht nur in den Grünen-Hochburgen der großen Städte. Damit sprach er natürlich gerade den Delegierten aus der Seele, die in kleinen Landgemeinden und Landkreisen mühevoll gegen eine übermächtige CSU ankämpften. Am Ende war es gar nicht so sehr, was er da sagte, das war so neu nicht. Wie er es rüberbrachte, mit so viel Leidenschaft in der Stimme, das riss den Saal mit. Ich war, zugegeben, selbst beeindruckt und auch ein bisschen neidisch auf so viel unverbrauchte Frische, auf so viel unbekümmerte Frechheit.

Das Ergebnis war dann wahrlich keine Überraschung mehr: Er ließ uns andere 15 Mitbewerber weit hinter sich und wurde auf Anhieb mit 154 von 259 Stimmen auf Platz 12 gewählt!

Wieder schickte ich eine SMS durch den Äther, die verkündete, dass es nicht geklappt hatte. Ab da war mir bewusst, dass es für mich, mit einem Listenplatz jenseits der 12, nur noch mit einem Sensationsergebnis für die Grünen in Bayern für einen Einzug in den Bundestag reichen würde. Jetzt ging es nur noch um die persönliche Ehre, noch auf einen der vorderen 20 Listenplätze gewählt zu werden. Seltsam, das Prozedere von Wahl (für die einen) und Nichtwahl (für die anderen und mich) auf dieser Aufstellungsversammlung hatte sich nun bereits über viele quälende Stunden hingezogen, aber jetzt nahm ich die Entscheidungen irgendwie doch als etwas »Plötzliches« wahr, als etwas, das mir zu schnell zu endgültig erschien. Fast ein ganzes Jahr Wahlkampf würde noch vor mir liegen, immer mit dem Ziel »Bundestag«. Und doch war in diesem Moment, da andere als ich auf die vorderen Plätze gewählt worden waren, so gut wie sicher, dass ich genau dieses Ziel nicht erreichen konnte. Wie würde ich mich die nächsten Monate selbst motivieren können?

Wie auch immer: Fürs Erste, hier in Amberg, galt es wieder einen Frauenplatz abzuwarten.

Dann neuer Versuch auf Platz 14. Im Kopf rechnete ich schon mal das Wahlergebnis hoch, das ich erreichen müsste, um mit Platz 14 auf der bayerischen Liste noch in den Bundestag zu kommen: 16 % der Zweitstimmen für die Grünen in Bayern – unerreichbar! Wunschdenken! Um mich herum trösteten mich meine Münchner Parteifreunde: »Nur nicht aufgeben, Beppo! So kurz vor dem Ziel.« Bloß: Vor welchem Ziel denn? Wieder

12 Kandidaten. Wow! Immerhin kam ich diesmal mit einem Kandidaten aus Kitzingen in die Stichwahl. In dieser Stichwahl dann aber doch nur 80 Stimmen für mich, 155 für den anderen. Wieder verloren.

Andere Kandidaten hatten auf dem erfolglosen Weg durch die Wahlgänge die Lust verloren, ihre Chancenlosigkeit erkannt und längst aufgegeben oder zwischendurch pausiert. Ich aber nahm wieder meinen Weg zum Präsidiumstisch, während im Hintergrund gerade eine Kandidatin aus dem fränkischen Forchheim auf den Frauenplatz Nummer 15 gewählt wurde.

Draußen dämmerte es schon, als drinnen zehn, den Delegierten inzwischen sattsam bekannte Namen auf der Tafel erschienen. Zum fünften Mal hatte ich meinen Namen nun auf die Liste schreiben lassen, zum fünften Mal kandidierte ich jetzt. Wieder kam ich in die Stichwahl. Immerhin! Und danach, als die Stimmen der Stichwahl ausgezählt wurden, endlich, endlich, verkündete das Präsidium jenes Ergebnis, das ich so gerne ein, zwei Stunden und einige Listenplätze früher gehört hätte: »Auf Hermann Brem entfielen 126 Stimmen. Damit ist Hermann Brem auf Platz 16 der Landesliste gewählt. Nimmst du die Wahl an?«

»Ja, klar! Danke!«, rief ich laut und freudig durch den Saal, aus dessen Tiefe mir endlich Applaus entgegenschlug. Einige Parteifreunde freuten sich mit mir, einige von ihnen waren wahrscheinlich nicht weniger erlöst als ich, dass ich endlich gewählt worden war, und klopften mir auf die Schulter. Ich konnte nur mutmaßen, ob dieses Schulterklopfen meinen sollte »Na endlich! Hast uns ganz schön warten lassen!« oder »Gut gemacht!«. Oder vielleicht gar »Komm, das packen wir?«. Ich war hin- und hergerissen zwischen der späten Befriedigung, nach so vielen Anläufen nun doch noch auf einem Listenplatz angekommen zu sein, und der Enttäuschung darüber, dass ein Listenplatz 16 nur mit einem Wunder zum ersehnten Ziel, dem Einzug in den Bundestag, führen würde. Wäre ich mit bescheideneren Erwartungen nach Amberg gefahren, hätte ich mich über ein solches Ergebnis, das für einen Neuling genau genommen sehr achtbar war, freuen können. Ich hätte sogar ein bisschen stolz auf mich sein dürfen, denn schließlich gab es jede Menge »alter Hasen«, die sich vergeblich um einen vorderen Listenplatz bemüht hatten und am Ende gar nicht oder irgendwo weiter hinten gewählt wurden. Von den vier Münchner Direktkandidaten hatte ich – hinter unserem Spitzenkandidaten Jerzy Montag und Judith Greif aus dem Münchner Norden – immerhin den drittbesten Listenplatz ergattert. Die anderen Münchner Delegierten fanden mein Ergebnis jedenfalls sehr respektabel. Nur ich, ich hatte meine Erwartungen einfach sehr hoch – zu hoch – gesteckt. Entsprechend fühlte ich mich eher nach »Das war's dann für mich«. Diese Gefühle spielten sich in meinem Inneren ab. Nach außen, den anderen Delegierten gegenüber, wahrte ich die Fassung. Nur nicht negativ oder gar undankbar wirken! Das ändert nichts am Ergebnis und macht trotzdem keinen guten Eindruck. Zu meiner inneren Enttäuschung gesellte sich noch Erschöpfung. Dieses mehrmalige Auf und Ab der Gefühle, dieses sich Immer-wieder-neu-Motivieren für den nächsten Wahlgang, das hat mich dann doch ganz schön mitgenommen.

Insgesamt ging die »Wahlorgie« noch bis Platz 24. Erst um halb zehn wurde die Versammlung dann offiziell beendet, alle Delegierten stürmten nach fast zehn Stunden harter Parteitagsarbeit Richtung Bahnhof, ohne Blick zurück. Viele, die den Heimweg antraten, durften sich freuen. Noch viel mehr mussten unzufrieden, ohne ihr Ziel erreicht zu haben und ohne Aussicht darauf, in den Bundestag zu kommen, in ihren Heimatort zurückkehren. So wie ich.

Auf der Rückfahrt im Zugabteil war die Stimmung heiter, obwohl es meinen Mitreisenden nicht viel besser ging als mir. Auch sie waren nach zehnstündiger Konzentration und Spannung müde. Ich stellte mir vor, wie die Stimmung wohl gewesen wäre, wenn die Überraschung doch gelungen und ich zum Beispiel schon auf Platz 8 oder 10 gewählt worden wäre. So eine Sensation hätte wohl – Erschöpfung hin, Müdigkeit her – die wenigsten unberührt gelassen. Bei einem solchen Ergebnis hätte ich wohl eine Flasche Champagner spendiert und wir hätten schon mal gemeinsam vom künftigen »MdB Brem« geträumt.

Erst viel später, nachdem ich das Innenleben der Grünen genauer kennengelernt hatte, verstand ich, nach welchen Spielregeln in Amberg gespielt worden war. Ganz wie in allen anderen Parteien auch, kämpften selbstverständlich die »Platzhirschen« (männlich und weiblich) darum, wieder ins Parlament zu kommen. Gerade mal drei von zehn Abgeordneten, die es am Wahlabend für die bayerischen Grünen in den Bundestag schaffen sollten, waren neu. Wer von der Politik lebt, der hört eben ungern freiwillig auf, manche noch nicht mal im Rentenalter. Zufallsentscheidungen waren auch die drei nicht. Irgendwo, in Gesprächsrunden, die ich damals noch nicht gekannt hatte, war überlegt worden, wie sich auf der Liste möglichst viele »Reformer« (ehedem »Realos« genannt) oder umgekehrt Parteilinke (ehemals »Fundis«) durchsetzen konnten, wie möglichst viele der sieben Regierungsbezirke Bayerns beteiligt werden konnten, wie möglichst viel Sachverstand zu verschiedenen Themen für die Grünen in den Bundestag einziehen konnte. Schließlich wollten wir diesmal die Regierung stellen, da musste auch über Abgeordnete nachgedacht werden, die als Minister oder Staatssekretäre geeignet wären. So war die Regie der bayerischen Parteiführung gewesen. Im Grunde ja auch verständlich. Ich als Landesvorstand hätte es wahrscheinlich nicht anders haben wollen. Dass ich als Neuling, als einer aus München und als einer ohne jede Unterstützung »von oben« meinte, mitmischen zu können, war reichlich optimistisch oder, weniger schmeichelhaft ausgedrückt: Es war naiv. Aber, wie gesagt, erstens bin ich mittlerweile, was Parteipolitik betrifft, schlauer. Und zweitens hat mich als Kandidat nur mein eigenes Interesse getrieben, von dem ich zwar annahm, es müsste auch im Interesse der Partei sein, aber die Mehrheit hatte es anders entschieden. Da muss man durch. Meine Lust darauf, trotz des schlechten Listenplatzes für die Grünen in den Wahlkampf zu ziehen und Stimmen zu sammeln, hat das allerdings dann doch nicht eingeschränkt. Im Gegenteil: Jetzt erst recht sollten alle sehen, was alles möglich war mit mir als Kandidaten. Mein Ehrgeiz richtete sich fortan auf ein gutes Ergebnis bei den Erst- und Zweitstimmen für die Grünen in meinem Wahlkreis.

Kurz nach Mitternacht kam ich wieder in München an, ziemlich mürbe nach einem Tag voller Aufregungen, Hoffnungen, Emotionen, Enttäuschungen. Zu Hause, in meiner Wohngemeinschaft, platzte ich in die Geburtstagsfeier meines Mitbewohners Stefan, der in dieser Nacht fünfzig wurde. Mit seinen Eltern und seinen Brüdern tranken wir noch ein spätes Glas Sekt auf sein Wohl. So gab es zu guter Letzt doch noch etwas zu feiern, und ich kam schnell wieder im richtigen, im »normalen« Leben an. Und diese Geburtstagsgesellschaft fand auch gleich noch tröstende Worte für mich, nachdem ich sie schon den ganzen Tag per SMS über das Auf und Ab meiner Bundestagskandidatur auf dem Laufenden gehalten hatte. »Du kannst ja immerhin noch direkt gewählt werden.« Über diesen nicht ganz ernst gemeinten Satz mussten wir dann alle schmunzeln. Tröstlicher war schon der Ausblick, den ein anderer Gast mir eröffnete: »Oder«, meinte der, »es klappt eben beim nächsten Mal. Halb so schlimm.«

Meinen Frosch packte ich zurück in die Schublade. Er hatte sich nicht in einen Prinzen verwandelt, sondern war einfach ein Frosch geblieben. Die reale Welt der Parteien ist eben kein Märchenland.

KAPITEL 7
Die große Bühne: Grüne Parteitage

S agen Sie, immer wenn ich im Fernsehen diese Parteitage sehe, frage ich mich: Ist das wirklich so langweilig, wie ich mir das vorstelle?« Meine Antwort auf diese Frage einer interessierten Mitbürgerin war damals (und wäre auch heute unverändert): »Ach, langweilig ist so ein Parteitag nicht. Aber sehr erschöpfend.« Mir geht es jedenfalls so, dass ich immer erst ein paar Tage brauche, um mich wieder an den Alltag zu gewöhnen und »herunterzukommen«, sobald ich von einem Parteitag zurückgekommen bin. Parteitage sind harte Arbeit, politisches Handwerk.

Aber wie muss man sich den Alltag so eines Grünen-Parteitages mit all dem, was dort stattfindet, eigentlich vorstellen?

Nun, schon wenn man die Halle betritt, lässt sich die Spannung förmlich spüren. Die Bühne ganz vorne, auf die man die nächsten Tage mit Hunderten anderer Delegierter starren wird, ist noch verwaist. Die Delegierten, die sich schon an ihren Plätzen eingerichtet haben, und diejenigen, die erst noch andere Mit-Delegierte begrüßen, verursachen bereits einen enormen Geräuschpegel. Endlose Tisch- und Stuhlreihen mit ein paar Gängen dazwischen tun sich vor einem auf, die nach den 16 Landesverbänden geordnet sind. Um ein bisschen Orientierung zu bieten, befinden sich auf den Tischen Schilder, die mit den Namen der Kreisverbände und der Zahl ihrer Delegierten bedruckt sind. Wir Münchner suchen dann also zunächst das »Bayern«-Schild und dort dann den Buchstaben »M« für »München-Stadt«. Es gibt genug Delegierte, die die umfangreichen

Antragspakete für den Parteitag in Leitz-Ordner in ihr Gepäck einsortiert und sich auf manchen dieser Anträge bereits ihre Notizen gemacht haben. Andere packen ihre Notebooks aus und versuchen dafür zwischen all dem Papier einen Platz zu finden. Schon beim Betreten der Halle spürt man als einzelner Delegierter, dass man gleich Teil eines großen Ganzen werden wird. »Zusammen sind wir stark« – so lässt sich das Gefühl, das sich in einem ausbreitet, vielleicht am ehesten beschreiben. Man wird zusammen mit den anderen Parteitagsdelegierten Entscheidungen treffen, für die wir Grünen dann als Gesamtheit in den Medien gelobt oder gescholten werden. Man wird mit anderen in dieser Halle abstimmen, wird Mehrheiten bilden, wird Siege und Niederlagen bereiten. Das verleiht dieser Basis Macht. Und bei den Grünen gilt immer noch, dass die Basis immer für eine Überraschung gut ist.

Wie eigenwillig sie sein kann, habe ich zum ersten Mal im Januar 2009 live erlebt, auf dem Europa-Parteitag in der Dortmunder Westfalenhalle, als die Grünen ihr Programm zur Europawahl, den Entwurf eines »Green New Deal«, verabschiedeten. Für dieses Europawahlprogramm ernteten sie, zu ihrer eigenen Überraschung, von der nicht gerade wirtschaftsfernen *Financial Times Deutschland* viel Lob. Ja, noch mehr: Die *Financial Times* sprach im Vergleich der Parteien sogar ausdrücklich eine Wahlempfehlung für die Grünen aus. Auf demselben Europa-Parteitag wurde auch die deutschlandweite Liste der Kandidatinnen und Kandidaten für das Europaparlament gewählt. Auf jenem Parteitag wurden Kandidaten nicht wiedergewählt, die erneut ins Europarlament einziehen wollten, so wie Angelika Beer, die bald nach diesem persönlichen Desaster ihre Mitgliedschaft bei den Grünen quittierte. Im Gegenzug wurden andere Kandidaten gewählt, die ohne Unterstützung ihrer Landesverbände antraten, wie Werner Schulz, einer der letzten Vertreter des ehemaligen Bündnis 90, der mit seiner fulminanten Vorstellungsrede die Delegierten mitriss und so den achten Platz auf der Europaliste ergatterte. Selten habe ich mehr Tränen fließen sehen, mehr überraschten Jubel gehört wie auf jenem Parteitag. Von den 14 Europaabgeordneten, die nach Brüssel und Straßburg geschickt wurden, waren sieben neu im Parlament. Das hatte mich damals, zwei Wochen bevor es in Bayern um die Listenplätze für die Bundestagswahl gehen sollte, für meine eigenen Chancen noch hoffen lassen. Doch es kam dort, wie schon beschrieben, anders.

Neulich sah ich einen Bericht von einem CDU-Parteitag in Leipzig. Die Fernsehkameras zeigten irgendeine Abstimmung zu irgendeinem Antrag. Da schnellten erst mal jede Menge Hände mit Stimmkarten in die Höhe und Sekunden später waren die Hände und Stimmkarten auch schon wieder unten. Vor allem waren auf dem Bildschirm auf dem Podium, weit oberhalb der »normalen« Delegierten-Schar, die versammelten Partei-Oberen der CDU um Angela Merkel herum zu sehen. Lauter Gesichter, die einem aus den Abendnachrichten und aus Talkshows bekannt sind. Als ich das so sah, fiel mir auf: Sobald die CDU-Chefin und das Podium da oben für einen Antrag stimmten, mussten die Stimmen drunten offenkundig schon nicht mehr so ausführlich gezählt werden, denn das Ergebnis war klar. Wie anders verlaufen da doch Parteitage der Grünen!

Abstimmungen bei den Grünen können schon sehr mühselig sein. Wie oft habe ich es erlebt, dass das Präsidium sich nicht einig war, ob jetzt die Mehrheit für oder gegen einen Antrag gestimmt hatte. Stellte das Präsidium hingegen zunächst eine Mehrheit fest, wurde das schon mal mit Zwischenrufen aus dem Saal angezweifelt. Dann hieß es, mit den Stimmkarten aufstehen: erst die, die dafür, dann diejenigen, die dagegen stimmten, dann die Enthaltungen. Ergab das immer noch kein eindeutiges Bild, dann wurde schriftlich abgestimmt. Und das zog sich natürlich ewig hin, bis die Helfer alle kleinen Stimmzettel in grünen Schachteln eingesammelt hatten und das Ergebnis ermittelt war. Eine Weile erleichterte man sich das mühevolle Geschäft des Stimmenzählens mit Televoting-Geräten, wie in Amberg. Die wurden dann aber wieder abgeschafft, weil einigen Kritikern diese Geräte zu unsicher waren: »Elektromagnetische Strahlenverseuchung!«, schimpften die einen, »Manipulierbarkeit!«, lautete der Verdacht der anderen. Bei den Grünen werden solche Bedenken ernst genommen, also waren die praktischen elektronischen Stimmenzählgeräte bald wieder von den Parteitagen verschwunden, und man griff auf den bewährten Papierstimmzettel zurück.

Wie in anderen Parteien auch, sind die Bundesparteitage (die bei uns Bundesdelegiertenkonferenzen heißen, kurz BDK) auf Bundesebene sowie die Landesparteitage (die bei uns Landesdelegiertenkonferenzen heißen, kurz LDK) auf Landesebene die obersten Beschlussgremien. Hier werden die Programme verabschiedet, hier werden die wichtigsten Grundsatzbeschlüsse gefasst, an die sich die grünen Abgeordneten in den Parlamenten zu halten haben. Nicht immer verlaufen Grünen-Parteitage so dramatisch wie der legendäre »Kosovo-Parteitag«, auf dem Joschka Fischer mit einem Farbbeutel beworfen wurde, weil er als Außenminister für einen Bundeswehreinsatz im Kosovo eintrat. Aber Spannung ist auch auf vermeintlichen Routine-Parteitagen geboten. Diese Parteitage finden in aller Regel einmal im Jahr (Ausnahme: in Wahljahren, da sind's meistens zwei) an wechselnden Orten statt. Inzwischen sind das bei den Bundesparteitagen meistens große Hallen, in denen angesagte Popstars auftreten oder andere Großveranstaltungen stattfinden. In der Regel finden sie in einem Bundesland statt, in dem bald

Wahlen anstehen, um die Grünen in diesem Landesverband durch die mediale Präsenz, die so eine Veranstaltung mit sich bringt, zu stärken.

Die Parteitage sind öffentlich, man kann sich vor Ort als Gast registrieren. Aber stimmberechtigt sind immer nur die Delegierten, die in ihren Kreisverbänden dafür gewählt werden, meist so zwei, drei oder vier pro Verband. Bei den Münchner Grünen gestaltet sich, aufgrund der hohen Mitgliederzahl, die Wahl der Delegierten immer spannend und zeitaufwendig. Zudem wählen sie die Delegierten nicht etwa für ein oder zwei Jahre, sondern für jeden Parteitag neu. Das sind dann abendfüllende Prozeduren. Die Münchner stellen als einer der größten Kreisverbände mehr als ein Dutzend Delegierte für die Bundesparteitage und immerhin etwa 40 Delegierte auf den bayerischen Landesparteitagen. Alle Kandidierenden – wie üblich jeweils die Hälfte Frauen und Männer – stellen sich in alphabetischer Reihenfolge vor: »Hallo, ich bin die Bärbel und ich möchte zur BDK nach Kiel fahren, weil ich bei der Diskussion zur Finanzpolitik dabei sein will ...« Neumitglieder haben oft beste Aussichten, gleich als Delegierte zu einem solchen Parteitag geschickt zu werden, denn die Grünen haben einen stets lebendigen Sinn für die Basis verinnerlicht, und die soll schließlich zu einem Parteitag fahren, nicht etwa die Partei-Oberen. Wer also für sich damit wirbt, dass sie oder er noch nie auf einer LDK war, kann sich ihrer oder seiner Wahl schon ziemlich sicher sein. Selbst die nicht eben politische Aussage, man wollte ja schon immer gerne mal nach Freiburg, Berlin, Erfurt, Rosenheim, Bad Windsheim oder wo immer eben die nächste BDK oder LDK stattfinden sollte, wird nicht selten mit Applaus, Gelächter – und eben mit der Wahl zum Delegierten honoriert. Bis sich dann alle Kandidaten vorgestellt haben, bis dann alle Stimmen ausgezählt sind und die gewählten Delegierten feststehen, das dauert ... nicht selten bis Mitternacht.

Schon bei der Anreise, egal ob zu Landes- oder Bundesparteitagen, stellt sich häufig ein Gruppen-Feeling ein, denn je näher man dem Ziel der Reise kommt, desto mehr Delegierte aus anderen Regionen trifft man im Zug. Im Zug, versteht sich, denn bei uns Grünen sind Reisen mit dem Pkw oder gar mit dem Flugzeug nicht gerne gesehen! Bei weiteren Distanzen bedeutet das eine Anreise mit dem Nachtzug oder sehr früh aufstehen. So wird also bereits in den Zugabteilen – mit derselben Rücksichtslosigkeit, wie sie anderen reisenden Gruppen eigen ist – über dies und das gesprochen. Über Politik im Allgemeinen und über all den Tratsch, der im jeweiligen Kreisverband gerade so umgeht. Ganz Eifrige blättern in den Parteitagsunterlagen, damit sie immer auf dem Laufenden der Tagesordnung und Antragsdebatte sind. Diese Unterlagen, die zu einem großen Teil schon vorher an alle Parteitagsdelegierten verschickt werden, sind schweres Gepäck in einer diskussionsfreudigen Partei. Als wir zum Beispiel das Europaprogramm oder das Bundestagsprogramm diskutiert und verabschiedet haben, lagen den Delegierten fast 1000 Seiten mit Anträgen und Änderungsanträgen vor!

Die Reisekosten werden von der Partei aus Staatsmitteln erstattet. Daher gibt es Höchstgrenzen, und Zimmer für etwa 60 Euro die Nacht zu finden, ist auch in Kleinstädten nicht gerade einfach. Schon gar nicht, wenn sie dazu noch zentral oder möglichst nah am Tagungsort gelegen sein sollen. Manchmal hat man Glück und die Zimmer sind ganz ordentlich, manchmal ersehnt man sich zumindest den Standard einer Jugendherberge. Man lernt dabei auch, dass es in Deutschland durchaus »winzige Nester« gibt, die sich auf Kongresse spezialisiert haben und dabei Hotelpreise wie in einer Metropole verlangen. Da grüne Parteitagsdelegierte eher selten Besserverdiener sind, sie die Ausgaben aber zunächst vorstrecken müssen, wird am Ort des Parteitags ein möglichst günstiges Hotel gebucht.

Wenn Delegierte von Parteitagen einen Führer über Kongresshallen in Deutschland schreiben würden, würde das Urteil oft ziemlich vernichtend ausfallen. Das gilt sicher für alle Parteien gleichermaßen. Da sitzt man anderthalb bis zweieinhalb Tage lang in klimatisierten oder stickigen Hallen – oft irgendwo am Stadtrand, deren Zugang man manchmal selbst mit Pfadfinder-Vorkenntnissen kaum findet – ohne jedes Tageslicht, mit kilometerweiten Wegen zum Klo und einem überschaubaren bis völlig fantasielosen Verpflegungsangebot zu überteuerten Preisen. In einer jener Hallen hatte ich mal das Pech, mich drei Tage lang von pappigem Linseneintopf ernähren zu müssen. Da ich keinen Paprika vertrage, schieden die »Pasta mit mediterranem Gemüse« am Freitag aus (einzige Alternative: Linseneintopf), der mit viel Paprika angereicherte Salat am Samstag (einzige Alternative: Linseneintopf) und das Ratatouille am Sonntag (einzige Alternative, Sie ahnen es: Linseneintopf!). Und die belegten Brötchen waren auch immer gleich ausverkauft. Das alles mutet man sich also für seine Partei zu ...

Hat man sich an den grünen Fahnen und den dichter werdenden Menschenmengen mit »Atomkraft? – Nein danke!«-Buttons als Erkennungszeichen orientiert und den Halleneingang endlich gefunden, geht's erst mal ins vielhundertköpfige Gewusel. Man sucht den Schalter, an dem man seine Delegiertenkarte zum Umhängen ausgehändigt bekommt, die man wiederum beim Betreten der Halle den Leuten von der Security (ja, auch bei Grünen-Parteitagen gibt es eine Zugangskontrolle) vorzeigen muss. Ausgehändigt werden auch die Stimmkarte und noch die allerneuesten Antragspapiere, die nach dem Versand der Unterlagen noch in der Landes- oder Bundesgeschäftsstelle eingegangen sind. In den Fluren läuft einem gelegentlich die Parteiprominenz über den Weg, manchmal begleitet von einem Pulk von Presseleuten. Wenn man, wie ich, schon an mehreren Parteitagen teilgenommen hat, begegnet man Mitdelegierten, die man schon von den letzten Parteitagen her kennt und die man zunächst mit einem »Wo sitzt ihr diesmal?« oder einem »Man sieht sich!« begrüßt, bevor man vielleicht später etwas entspannter miteinander ins Gespräch kommt. Erwartungsfroh betritt man das Halleninnere, in dem an diesem Wochenende für die Partei »die Musik spielt«, sucht sich einen Platz bei seinen Delegierten. Die Regie von Parteitagen setzt meistens die Delegierten der Landesverbände nach vorne, die als nächstes einen Wahlkampf zu bestreiten haben. Dort oben nimmt das Präsidium mit seinen fast zwanzig Mitgliedern Platz, das in den nächsten Stunden und Tagen moderieren, Vorschläge zur Güte machen, bändigen, ermahnen (vor allem, was die Redezeit betrifft) und (wieder und wieder) Stimmen auszählen wird. Kein leichter Job! Ich beneide die Leute im Präsidium nicht, die sich zwar immer mal gegenseitig abwechseln, aber doch von Beginn bis Ende hoch konzentriert sein müssen. Die Präsidiumsmitglieder werden bei jedem Parteitag neu gewählt, aber die meisten kandidieren immer wieder, und man kennt sie schon. Da sich um deren Job niemand wirklich reißt, gilt hier das Motto: »Never change a winning team.« Bei der Zusammenstellung wird darauf geachtet, dass die Mitglieder des Präsidiums möglichst repräsentativ ausgewählt werden, sodass kein Landesverband, kein Parteiflügel und keine Altersgruppe sich benachteiligt fühlt. Und natürlich achtet man darauf, dass es sich um Politprofis handelt, von denen man weiß oder erwarten darf, dass sie in der Lage sind, eine große Versammlung auch gut zu moderieren. So sitzen da oft Landtags- oder Bundestagsabgeordnete und Landesvorsitzende oder Landesvorstandsmitglieder.

Von den Parteitagen der anderen Parteien kennt man ja das Bild, dass auf der Bühne alle Parteioberen, die man aus Talkshows, Nachrichten und Interviews kennt, versammelt sind. Bei den Grünen dagegen werden nur die sechs Mitglieder des Bundesvorstands – Claudia Roth und Cem Özdemir, der Schatzmeister und die beiden Beisitzer – so prominent platziert. Steffi Lemke, als Politische Geschäftsführerin ebenfalls Vorstandsmitglied, ist bei Parteitagen auf der Bühne und am Redepult ohnehin allgegenwärtig, vor allem bei der Vorstellung und Beratung der Anträge.

Bei Bundesparteitagen beziehen die Kamerateams überregionaler Sender ihre Posten mitten in der Halle. Dann schweben über den Köpfe der Delegierten bewegliche Kameras, um die Stimmung im Saal möglichst hautnah einzufangen. Von Freunden habe ich in solchen Situationen schon oft genug eine SMS bekommen: »Ich hab dich eben im Fernsehen gesehen.« Oder auch ein enttäuschtes: »Warum bist du nicht im Fernsehen? Wink doch mal in die Kamera.« Dabei ist man meistens froh, wenn man von den Journalisten in Ruhe gelassen wird. Manchmal schwärmen sie in die Tischreihen der Delegierten aus und interviewen die Parteibasis. Gerade bei strittigen Entscheidungen, die schon im Vorfeld eines Parteitages für Meldungen und Schlagzeilen gesorgt haben, sind »O-Töne« aus der Basis sehr beliebt. Unter mehreren Hundert Delegierten lässt sich immer jemand finden, der eine andere Meinung hat. Auf einem Landesparteitag in Bamberg passierte mir mal Folgendes: »Sie sind der, der für Olympia ist?«, fragte mich ein Reporter vom Bayerischen Rundfunk und streckte mir auch schon sein Mikrofon mit der blauen Kappe und dem weißen Logo seines Fernsehsenders vors Gesicht. »Dürfen wir Sie dazu befragen?« Das war für mich eine heikle Situation. Auf diesem Parteitag sollten die bayerischen Grünen über einen Antrag abstimmen, der die Bewerbung von München, Garmisch-Partenkirchen und Schönau für die Olympischen Winterspiele 2018 vor allem aus umweltpolitischen Gründen ablehnt. Selbst innerhalb der Münchner Grünen war die Bewerbung hoch umstritten. Die Grünen in Garmisch-Partenkirchen und im Berchtesgadener Land, wo die Ausrichtung der Olympischen Winterspiele mit Schneekanonen, einem Ausbau von Zufahrtsstraßen, geteerten Parkplätzen und der Rodung von Waldflächen für Skipisten Eingriffe in die Natur bedeutet hätte, engagierten sich mit Unterschriftenaktionen und Protesten gegen die Olympischen Spiele in ihren Gemeinden. Ich selbst allerdings – obwohl ich die Bedenken meiner grünen Parteifreunde außerhalb Münchens durchaus nachvollziehen konnte – unterstützte die Bewerbung für Olympia, weil in der Stadt München die Umweltschäden gering waren, weil ich als Sportfunktionär grundsätzlich von großen Sportereignissen fasziniert war und weil wir, im Gegensatz zu den Konkurrenten in Frankreich und Südkorea, ein umfangreiches Umweltkonzept hatten. Als ich zum Landesparteitag gereist war, auf dem nun die Ablehnung der Olympiabewerbung zur Abstimmung stand, war mir allerdings ziemlich klar, dass es eine deutliche Mehrheit gegen die Ausrichtung Olympischer Winterspiele in Bayern geben würde. Aus purem Zufall hatte ich mich in Bamberg nun ausgerechnet (und nichts ahnend) neben die beiden Delegierten aus Garmisch-Partenkirchen gesetzt, die zu den glühendsten Verfechtern einer Ablehnung dieser Spiele gehörten. Wir hatten uns auch wirklich nett unterhalten, bis eben die Frage zu Olympia kam. Und da stand nun der Mann vom Bayerischen Fernsehen mit seinem Mikro vor mir, begleitet von seinem Kameramann, und wollte mich nach meinen Argumenten für eine Olympia-Bewerbung befragen. Ich habe zwar immer genug Courage, für meine Meinung einzutreten, auch wenn sie von der Mehrheit abweicht, aber ein Interview zu diesem »heißen« Thema inmitten der »Höhle des

Löwen« war schon eine Herausforderung. Zumal die beiden Garmischer auch gleich ausriefen: »Da sind wir ja mal darauf gespannt, was du sagst!« Einen Moment lang hatte ich noch die Hoffnung, der Journalist könnte von mir ablassen und sich ein anderes Opfer suchen, nachdem ich ihm gesagt hatte, dass ich hier zwischen den Garmischer Grünen säße. Der aber antwortete mir nur mit einem Grinsen: »Wieso, wir sind doch hier bei den Grünen, da kann doch jeder frei seine Meinung äußern! Und ich finde hier niemanden, der sonst noch für eine Bewerbung sprechen will. Sie wurden mir als Interviewpartner ›Pro Olympia 2018‹ empfohlen.« Wer mir bloß dieses Interview eingebrockt hatte? Ein Kneifen wäre noch peinlicher gewesen, als seine Fragen zu beantworten, also erklärte ich ihm, warum ich die Bewerbung unterstützte und den Antrag, der einen Ausstieg aus der Bewerbung um Olympia forderte, nachher ablehnen würde. Zwei, drei Fragen, zwei, drei Antworten, dann zog das Team vom Fernsehen weiter. Ob ich je auf Sendung war, habe ich nie erfahren. Die beiden Delegierten der Garmischer Grünen jedenfalls nahmen es gelassen und kündigten mir nicht die gerade erst geschlossene Parteifreundschaft. Ich durfte auch für den Rest des Parteitags neben ihnen sitzen bleiben, und wir unterhielten uns eigentlich noch ganz entspannt – solange es eben nicht um Olympia 2018 ging.

Die Diskussionen auf Parteitagen finden aber nicht nur innerhalb des Saales statt. Auf den Tischen stehen Notebooks mit Dauerverbindung ins Internet. Da wird dann von vielen Delegierten live vom Parteitag in die Welt hinaus berichtet, meistens zu den Parteifreunden im heimischen Kreisverband, die nicht als Delegierte teilnehmen. Zwischen den eng gestellten Stuhlreihen herrscht ein stetes Hin und Her. Immer muss irgendwer entweder raus, sich ein Wasser oder etwas zu essen holen, oder zu einem anderen Delegierten, um mit ihm zu »networken«.

Denn auch darin liegt ein tieferer Sinn dieser jährlichen Groß-
ereignisse: Kontakte zu knüpfen, zu pflegen und zu vertiefen.
Die meisten Delegierten hegen eigene Ambitionen, eines Tages
für dieses oder jenes Amt gewählt zu werden. Dazu braucht es
Unterstützer. Und die findet man nirgends so gehäuft wie auf
Parteitagen.

Selbst für die vielen Delegierten, die das nicht brauchen, sind
die Parteitage fast wie »Familientreffen«. Nach ein paar Jahren
kennt man sich eben und sieht sich wenigstens dieses eine Mal
im Jahr wieder, kann auf die Parteiführung, auf Abgeordnete
oder über die politische Konkurrenz schimpfen.

Höchste Konzentration herrscht bei den Antragsdebatten.
Die sind eine Kunst für sich. An den Anträgen beteiligen sich
meistens vielfältige Grünen-Organisationen aus dem ganzen
Bundesgebiet (oder eben aus dem Landesverband, wenn es sich
um einen Landesparteitag handelt). Welche Anträge bei einem
Parteitag dann tatsächlich besprochen werden, entscheidet die
sogenannte Antragskommission, die im Vorfeld versucht, aus
Hunderten von Anträgen und Änderungsanträgen eine stimmi-
ge, konsensfähige Formulierung herauszudestillieren oder ähnliche Anträge zusammenzufassen. Sobald die Antragsdebatten
dann losgehen, werden über die Landesverbände hinweg Über-
zeugungsversuche gestartet, hitzige Debatten geführt oder sich
gegenseitig Unterstützung zugesichert. Es wird besprochen,
wer sich »in die Box wirft«, um für oder gegen einen Antrag zu
sprechen. Damit nicht nur die Parteiprominenz, sondern auch
die Basis ausgewogen zu Wort kommt, gibt es bei den Grünen
»gesetzte« (zwei Drittel der Redezeit) und »geloste« (ein Drittel
der Redezeit) Redebeiträge. Gesetzte Redebeiträge werden bereits in der Tagesordnung oder vor der Antragsdebatte bekannt
gegeben, also z. B. »Stellungnahme des Bundesvorstandes«
oder »für die Bundestagsfraktion spricht anschließend ...«. Für

die »gelosten Redebeiträge« werfen Delegierte, die sich zu bestimmten Anträgen zu Wort melden wollen, einen Zettel mit ihrem Namen und Kreisverband in eine Box nahe des Präsidiums. Damit Frauen und Männer gleichermaßen ausgelost werden, werfen Frauen ihre Meldung in die »Frauenbox« und Männer die ihre in die »Männerbox«. Bei hitzigen Debatten bilden sich vor beiden Boxen lange Schlangen, viele wollen sich Gehör verschaffen. Aber von all den Delegierten werden die wenigsten wirklich am Rednerpult stehen. Dazu sind es einfach zu viele. Das ist bei den Grünen nicht anders als bei anderen Parteien. Nur die Chance ist höher, als »einfacher Delegierter« seine Meinung sagen zu können. Und natürlich ist auch bei den Grünen die Aufmerksamkeit für die prominenteren Delegierten, die, die über viel Redetalent und -routine verfügen, höher als bei den meisten »einfachen« Delegierten. Es passiert nicht selten, dass man mit großer Aufregung eine Wortmeldung anmeldet, zwischendurch noch an seinem Redebeitrag – der ja meistens gerade mal drei, vier Minuten lang sein darf – feilt und auf seinen großen Auftritt hofft. Das Herz schlägt einem bis zum Hals, denn die eigenen Argumente, die eigene Überzeugungskraft können den Ausgang einer Abstimmung beeinflussen. Und am Ende kommt man dann doch mal wieder nicht dran ...

Bei den Abstimmungen muss man wirklich aufpassen. Bei jeder Abstimmung kommt es auf jede einzelne Stimme an. Knappe Abstimmungen bei strittigen Themen sind keine Seltenheit. Wenn über zwei alternierende Anträge abgestimmt wird, kann es schon mal auf jedes einzelne Wort ankommen: Ob da ein »mindestens« steht oder ein »möglichst«, ein »wir fordern« oder »wir treten ein für«, macht in der Politik schon einen Unterschied, deshalb wird gerade um die vermeintlich unscheinbaren Unterschiede mitunter am heftigsten debattiert.

Die Nächte von Parteitagen sind kurz. Oder lang. Wie man's nimmt. Einigermaßen erschöpft wollen die meisten dann doch nicht darauf verzichten, nach dem offiziellen Teil noch auf ein Gläschen Wein oder ein Feierabend-Bier in die Kneipen zu ziehen. Da lernt dann der grüne Bürgermeister aus Cuxhaven grüne Stadträtinnen aus Rosenheim kennen, Bundestagsabgeordnete aus Nordrhein-Westfalen plaudern entspannt mit ganz einfachen Parteimitgliedern aus Schwerin. Parteitage sind oftmals die Geburtsstunde für politische Freundschaften unter Parteikollegen. Man lernt sich eben auch mal privat kennen, erfährt, was die anderen Delegierten, mit denen man zusammensitzt, so beruflich machen, wie sie zur Partei und zur Politik gekommen sind, was sie persönlich so umtreibt. Man lernt sich kennen und gewinnt Vertrauen zueinander. In anderen, etwas selteneren Fällen werden Antipathien entwickelt oder gegenseitiges Misstrauen vertieft. Ab und an finden sich auch zwei Herzen, die füreinander mehr entdecken als nur parteipolitische Gemeinsamkeiten. Die Atmosphäre ist entspannt und heiter. Meinungsverschiedenheiten, die eben noch unüberbrückbar schienen, liegen im persönlichen Gespräch dann oft nicht mehr ganz so weit auseinander. Schließlich erinnert man sich spätestens beim zweiten oder dritten Glas daran, dass man ja immerhin in derselben Partei ist und einen doch mehr verbindet als trennt. Und über all diesen Gesprächen wird es dann schon mal früher Morgen. Da ist Kondition gefragt, denn um neun Uhr geht's wieder weiter mit dem offiziellen Teil des Parteitags.

Was ich immer sehr schade finde, ist, dass man von den Städten und Orten, an denen Parteitage stattfinden, so gut wie nichts mitbekommt. Meistens sieht man nur den Weg vom Bahnhof zur Tagungshalle, das Hotel, und das war's dann schon mit dem »touristischen Reiz« eines Parteitags.

Parteitage sind Begegnungsorte und Gesprächsforen. In der Halle, abends in der Kneipe, für Unermüdliche noch an der Hotelbar und, auch das gehört zu den Ritualen von Parteitagen, auf den Fluren, im Orbit der Diskussionen, die drinnen in der Halle stattfinden. »Sollen wir mal kurz nach draußen gehen?« Da siehst du Zweier-, Dreier-, Vierer- und größere Grüppchen beieinanderstehen, sich austauschen, Anträge diskutieren, über eben verabschiedete Beschlüsse schimpfen und weiterstreiten. Verpassen muss man nichts, was drinnen stattfindet, denn irgendwo findet sich zwischendurch immer ein Fernsehapparat, auf dem man – und sei es nur aus dem Augenwinkel heraus – mitverfolgen kann, was am Rednerpult passiert. In diesen Grüppchen wird natürlich nicht nur über Politik im Allgemeinen, über Inhalte gesprochen, sondern auch – wenn nicht gar vor allem – besprochen, wer was werden will bei den anstehenden Wahlen. Da werden Chancen für die eigene Kandidatur ausgelotet oder Informationen eingeholt, wer wofür kandidieren möchte. So manche Hoffnung wurde hier genährt oder bereits zerschlagen.

Parteitage sind auch Werbeplattformen. Hier präsentieren sich Firmen, die ökologisch unbedenkliches Wahlkampfzubehör anbieten (z. B. Informationsstände von Schreinerhand), Verbände, die mit den Grünen »anbandeln« oder doch wenigstens ins Gespräch kommen wollen, Stiftungen und Grünen-Organisationen (wie die Grüne Jugend oder die Grünen Kommunalpolitiker), die Bundestags- und die Europafraktion, die Informationsmaterial zu ihrer Arbeit anbieten. Die Vertreter von Firmen, Verbänden und Organisationen, die sich auf Parteitagen präsentieren, tun mir immer etwas leid. Denn wann immer ich daran vorbeigehe, sind dort kaum Delegierte zu sehen. Das Standpersonal steht sich meist die Füße in den Bauch. Auf einem Parteitag war ich mal ganz früh dran und sah unseren Bundesvorsitzenden mit

Kamerateams und einem Pulk von Fotografen von Stand zu Stand eilen. Mit diesen Fototerminen ist der wichtigste Zweck dieser Firmen- und Verbandspräsentationen auch schon erfüllt. Dabei lassen sich fast alle Stand-Teams etwas für die grünen Delegierten einfallen: Bio-Äpfel an dem einen Stand, Brezeln an dem anderen Stand. Besonders beliebt ist allerdings der Stand, an dem es Gratis-Espresso im kleinen Pappbecher gibt. Nach langen Nächten rettet das nicht selten einige durch den Tag. Ab und an, ja, da ergibt sich schon mal ein Gespräch. Aber die meisten Vertreter der Partei sind doch hauptsächlich mit sich selbst und dem politischen Geschäft beschäftigt, dessentwegen sie zum Parteitag gekommen sind.

Auf der BDK in Dortmund kam ich mal mit den Vertretern des Verbandes für Systemgastronomie ins Gespräch. Der gesprächigere der beiden meinte dann: »Ach, Sie sind aus München. Da sitzen ja zwei unserer wichtigsten Verbandsmitglieder.« Ich war blöd genug, zu fragen: »Ach ja, welche denn?« Nach einer kleinen, ungläubigen Pause, wurde ich aufgeklärt: »McDonald's und Burger King.« Da hätte ich auch selbst drauf kommen können. Wahrscheinlich habe ich deren Klischees über Grüne – die essen nur Bio, am besten vegetarisch und gehen nicht in die Burger-Bude – bestätigt.

Festes Ritual grüner Parteitage ist auch ein medienwirksamer und lautstarker Auftritt der Grünen Jugend. Zur Erheiterung der Delegierten sucht sich die Parteijugend immer einen Moment, wo ihnen die Rede eines Parteipromis oder ein besonders wichtiges Thema die Kameras sichert. Dann machen sie mit einem bunten Auftritt und einschlägigen, selbst gemachten Transparenten ihrem Protest gegen Studiengebühren Luft oder protestieren gegen die reichenfreundliche Steuerpolitik der schwarz-gelben Koalition.

Irgendwann erschöpft sich dann auch die Energie der ausdauerndsten Delegierten. Die meisten haben eine weite Heimreise und wollen auch noch etwas von ihrer Familie haben. So ab Mittag, frühen Nachmittag lichten sich daher allmählich die Reihen. Das Präsidium hat dann alle Mühe, die Anwesenden weiterhin bei der Stange zu halten, denn es will dem Parteitag die Peinlichkeit ersparen, bei einer wichtigen Abschlussabstimmung nicht mehr beschlussfähig zu sein. Wie der Teufel das Weihwasser fürchtet man den Antrag auf Feststellung der Beschlussfähigkeit. Wenn nämlich am Ende eines langen, debattenreichen Tages nicht mehr genügend Delegierte bis zur Schlussabstimmung ausgehalten haben, dann war alle Mühe »für die Katz«. Das habe ich aber glücklicherweise noch nie selbst erlebt.

Wehe, wenn dann endlich das Präsidium die LDK oder die BDK offiziell für beendet erklärt! Dann haben es alle Delegierten eilig, verlassen mit kurzen Verabschiedungen den Saal und drängeln sich an den Garderoben, um dort ihre Mäntel und Koffer abzuholen! Auf dem Weg zum Bahnhof wird sich dann noch nach allen Seiten verabschiedet, nur um sich dann doch in überfüllten Zügen gleich wiederzutreffen.

Bei mir dauert es nach einem solchen Wochenende oft einige Tage, bis ich dieses Grundrauschen, das man auf Parteitagen im Ohr hat, wieder aus dem Kopf bekomme. Zweieinhalb Tage auf der Arbeit sind jedenfalls meistens weniger anstrengend als dieselbe Zeitspanne auf einem Parteitag. Zu viele Gespräche und Eindrücke, die verarbeitet und eingeordnet werden wollen.

KAPITEL 8
Von Realos und Fundis

Dass es bei den Grünen »Fundis« und »Realos« gibt, hatte ich natürlich in dem ein oder anderen Zeitungsartikel und in manchem Kommentar im Fernsehen schon mitbekommen. Vor allem, wenn über Auseinandersetzungen auf Parteitagen berichtet worden war. Zudem bin ich in einem Land aufgewachsen, in dem die Parteienlandschaft über Jahrzehnte hinweg in ein linkes und ein rechtes (bürgerliches) »Lager« aufgeteilt worden ist. Diese Einteilung hat es vielen Deutschen immer auch leicht gemacht, sich einem dieser Lager zugehörig zu fühlen. Spätestens seit Angela Merkel löste sich diese schablonenhafte Einteilung völlig auf: Die CDU sozialdemokratisiert sich nach Auffassung vieler Kommentatoren. In deren Leitartikeln hatten zudem die Sozialdemokraten ihren linken Flügel an die »LINKE« verloren, die Grünen wurden immer bürgerlicher und eine Art »FDP de luxe«, die FDP hatte längst ihren bürgerrechtlichen Anspruch verloren, die Piraten sind ohnehin ganz schwer in schwarz oder weiß, links oder rechts einzuordnen. Kurzum, die althergebrachte Theorie vom linken und vom rechten Lager verliert ihre Zuverlässigkeit.

Konkurrierende Flügel gab es (und gibt es immer noch) bekanntermaßen in allen Parteien: den Arbeitnehmerflügel, quasi die »Linken«, in der CDU, oder den »Seeheimer Kreis«, quasi die »Realos«, in der SPD. Gut, bei den Grünen sind die Flügelkämpfe öffentlich schon etwas wahrnehmbarer und bei manchen Parteitagsberichten geradezu Legende. Dabei ging es hier gerade in den Achtzigern vor allem darum, ob man überhaupt mitregieren dürfe oder ob das Wesen grüner Politik nicht in der Oppositionsarbeit seine Erfüllung zu finden habe. Mit zunehmendem Erfolg und spätestens seit der Regierungsbeteiligung im Bundesland Hessen wurde genau diese Debatte zwischen den »Realos«, die an die Regierung strebten, und den »Fundis«, die das ablehnten, mit größerer Heftigkeit geführt. Immerhin, die Grünen verstecken diese Flügelkämpfe nicht, man kann sie sogar auf der offiziellen Homepage in der Geschichte der Grünen nachlesen.

Andererseits: Im Alltag der Münchner Grünen, bei denen ich meinen parteipolitischen Neustart begonnen hatte, war – jedenfalls für mich – davon nichts zu bemerken. Ich konnte nie feststellen, dass ich oder andere in die Schublade »Realo« oder »Fundi« gesteckt worden wären. Erst später, nachdem ich an zwei, drei Bundesparteitagen – und den Treffen der »Reformer« – teilgenommen hatte, nahm ich aufmerksamer wahr, dass den »alten Hasen« um mich herum schon die Namen, die unter einem Antrag standen, mitteilten, von welchem Parteiflügel der stammte und was davon zu erwarten war. Offen gestanden: Ich habe das bis heute nicht wirklich kapiert, will mir die Namen der Fundis oder Realos auch gar nicht alle merken und weigere mich vielmehr, darauf besonders zu achten.

Als der erste Abend der 28. Bundesdelegiertenkonferenz der Grünen Mitte November 2008 in Erfurt schon sehr fortgeschritten war und ich mich auf mein Hotelzimmer und meinen Schlaf freute, flüsterte mir mein Tischnachbar in der Parteitagshalle geheimnisvoll zu: »Du bist doch auch Realo, oder?« Mit der Frage hatte ich mich bis dahin, wie gesagt, gar nie beschäftigt. Aber wenn ich schon einem Flügel angehören sollte, dann sehr wahrscheinlich den »Realos«. Daher steckte mein Nachbar mir eine Einladung zum Treffen der »ReformerInnen«, wie sich die

»Realos« inzwischen nennen, in einer Erfurter Kneipe zu. Wir fuhren nach dem Ende des ersten Tages der BDK gemeinsam dorthin, denn trotz aller Müdigkeit war ich doch neugierig. An diesem Abend habe ich – soweit ich die bis dahin noch gehabt haben sollte – gewissermaßen meine politische »Unschuld« bei den Grünen verloren. Bei diesem Treffen handelte es sich nämlich nicht, wie ich vermutet hatte, um ein gemütliches Beisammensein oder einen jener »geselligen Abende«, von denen man ab und an in ausführlichen Berichterstattungen von Parteitagen durchaus schon mal gehört hatte. Sicher an die 250 Delegierte aus allen Landesverbänden drängten in den für diese Menschenmenge viel zu kleinen Raum der Kneipe, sodass für die Kellner kaum mehr ein Durchkommen war. Ich war glücklicherweise so rechtzeitig angekommen, dass ich noch an einem Tisch Platz gefunden hatte. Neugierig schaute ich mich nach allen Richtungen hin um, schließlich wollte ich wissen, wer alles zu den »Reformern« gehörte. »Ach, der auch!«, »So, so, die gehört also auch zu den ›Realos‹!«, das dachte ich mir bei denjenigen, die ich aus München oder von den bayerischen Grünen kannte. Um mich herum mussten sich viele andere in Ecken drängen oder auf Treppen einen improvisierten Sitzplatz suchen, Bundestags- und Landtagsabgeordnete, ehemalige Bundesminister und amtierende Landesminister, viele bekannte Gesichter der Grünen und noch mehr »einfache« Parteitagsdelegierte, wie ich einer war. Viele mussten während des ganzen Abends stehen. Aber alle, die wir hier versammelt waren, zählten zu jenen, die die Grünen regierungsfähig machen beziehungsweise halten wollten, zu den »Reformern« eben. Zwei Bundestagsabgeordnete, die ich bisher nicht gekannt hatte, stellten sich ans Mikrofon und übernahmen die Moderation. Sie begrüßten uns, entschuldigten sich für die Enge des Raums – »mit so vielen Leuten haben wir gar nicht gerechnet« – und dann wurde es auch gleich konkret. Es wurde Tacheles geredet:

Über Personen, die sich am nächsten Tag auf dem Parteitag für Ämter zur Wahl stellten. Über Anträge, die es aus Sicht der Reformer abzulehnen galt. Von diplomatischer Zurückhaltung oder gedrechselter Politikersprache war bei den Wortmeldungen hier, anders als auf der großen Parteitagsbühne oder gar im Fernsehen, nichts mehr zu spüren. Es ging zur Sache. Es wurde argumentiert. Es wurde widersprochen. Es wurde auf Absichten und Tücken in bestimmten Anträgen und Änderungsanträgen hingewiesen. Es wurde dazu aufgerufen, dass sich möglichst viele Reformer in die Debatte einbringen sollten. Während ich da so saß und aufmerksam zuhörte und beobachtete, dachte ich daran, was wohl zur selben Zeit in einem anderen Erfurter Lokal die »anderen«, sprich: die »Fundis«, besprechen würden. Davon erzählte mir am nächsten Morgen eine Parteifreundin und Mitdelegierte aus München, die ebenfalls auf ihrem ersten Flügeltreffen bei den »Linken« war. Es war genauso. Nur eben mit umgekehrten Vorzeichen.

Gegen Mitternacht war die Veranstaltung dann vorbei. Auf meinem Weg ins Hotel habe ich mich gefragt, warum ich so überrascht von meinem ersten »Flügeltreffen« war. Immerhin erlebte ich Politik mal ganz pur und ohne Schnörkel. Außerdem war ich fast auf Tuchfühlung und ohne große Distanz zu etlichen wichtigen Leuten der Grünen. Ohne die Argumente, die ich an diesem Abend gehört hatte, hätte ich wahrscheinlich erst viel später gelernt, worauf ich so alles in den meist sehr umfangreichen Antragstexten zu achten hatte, um einzelne Formulierung in ihrer politischen Bedeutung richtig einschätzen zu können. Natürlich gefiel es mir auch, nicht mehr nur ein frei schwebender Delegierter auf einem Parteitag zu sein, sondern Teil einer Gruppe zu sein, die mir schließlich auch Orientierung gab. Was ich an Argumenten gehört hatte, entsprach zudem weitestgehend meiner eigenen Meinung. Die ungeschönte Offenheit und das ungewohnt Fordernde dieser Treffen hatte mich aber doch »kalt erwischt«. Bis dahin hatte ich einfach meine persönliche Meinung zu dem einen oder anderen Thema und Antrag. Von diesem Abend an fühlte ich mich den »Reformern« zugehörig, allerdings ohne ihnen in jedem Punkt blind zu folgen. Ich gehörte dazu und behielt doch im Zweifel die Freiheit, so zu stimmen, wie ich es für richtig hielt. Je öfter ich an Parteitagen teilnahm, desto genauer wurde von meinen Mitdelegierten beobachtet, wie ich wozu abstimmte. Nach etlichen weiteren Bundes- und Landesparteitagen bin ich für die anderen Delegierten aus München und Bayern mittlerweile auch fast ein »alter Hase«. Und viele von denen wissen natürlich auch, dass ich mich den »Reformern« zugehörig fühle – was eine meiner liebsten Delegierten-Kolleginnen, die zu den »Linken« gehört, »gar nicht so schlimm und mich trotzdem nett findet«. So sehr es mir bis heute widerstrebt, mir empfehlen zu lassen, wie ich zu diesem oder jenem Antrag und Personalvorschlag abstimmen soll, so hilfreich ist es zugegebenermaßen doch für mich zu wissen, wie »meine Reformer« zu wichtigen Anträgen stehen. Meine eigene Meinung behalte ich trotzdem, unabhängig von einer Zuordnung zu irgendeinem Flügel.

KAPITEL 9
Die »grüne Kugel« oder:
Kleider machen Leute

Während die Zugehörigkeit zu einem Parteiflügel nicht immer und schon gar nicht immer unzweideutig erkennbar ist, bekennen viele politisch Aktive optisch doch sehr gerne Flagge. Genschers gelber Pullunder wurde geradezu Kult. Guido Westerwelle trägt wohl nicht zufällig sehr häufig gelbe oder gelb-blau gestreifte Krawatten. Bei CDU-Parteitagen fällt es schon schwerer, die Parteizugehörigkeit über die Farbigkeit der Kleidung zu definieren. Dort sticht unter all den Anzugträgern und Kostümträgerinnen meist einzig die Chefin, Bundeskanzlerin Angela Merkel, mit ihren farbigen Blazern heraus. Angela Merkels Silhouette ist dadurch inzwischen weltweit und von Weitem erkennbar. Habe ich sie jemals im Kleid gesehen? Ich kann mich nicht daran erinnern. Stattdessen so gut wie immer: Hose in gedeckter Farbe kombiniert mit farbenfrohem Blazer! Angela Merkel in Rot (besonders gerne), Grün (auch gerne getragen) oder Rosa (seltener) und noch in vielen andere Signalfarben. Damit ist sie auf den Gruppenfotos, die zum Abschluss europäischer oder internationaler Treffen mit all den meist anthrazitgrau gekleideten Regierungschefs geschossen werden, immer sofort erkennbar. Man muss nicht lange suchen: Angela Merkel findet man gleich, sie ist – jedenfalls optisch – immer verlässlich. Auch das gewollte Symbolik? Mich würde es nicht überraschen. Und wenn Markus Söder als bayerischer Umweltminister nach der Katastrophe von Fukushima und der radikalen Umorientierung seiner CSU in der Atompolitik wochenlang eine leuchtend grüne Krawatte trägt, dann muss schon ein Schelm sein, wer dabei einen Zufall oder einen Mangel an anderen Krawatten in Herrn Söders Kleiderschrank vermutet. Ebenso wenig zufällig dürfte es sein, wenn die sogenannte »Troika« der SPD, die Herren Steinmeier, Gabriel und Steinbrück, mit jeweils roter Krawatte auf blauem oder weißem Hemd in die Kameras sprechen.

Aber auch Grüne sind natürlich nicht frei von einem Dresscode, auch bei uns werden Partei und Gesinnung mit der Kleidung zur Schau getragen. Selbst wenn man »unter sich« ist: Auf Grünen-Parteitagen sind allenthalben grüne Pullover, grüne Krawatten oder grüne Schals, manche davon selbst gestrickt, zu sehen. Und wenn mal, wie ich's vor einiger Zeit auf einem Parteitag erlebt habe, ein Grüner seine schwarze Cordjacke auszieht und darunter sein grünes Hemd zum Vorschein kommt, wird schon mal gewitzelt, ob es sich dabei wohl um eine Vorliebe für eine gewisse Koalition (eben die schwarzgrüne) handele. Ähnliche Kommentare erfahren natürlich auch Parteipromis wie Claudia Roth, die in ihren vielen Jahren an der Parteispitze wahrscheinlich noch keine Farbvariante unversucht gelassen hat. Zu erraten, in welch verwegenem Outfit sie wohl diesmal auf einem Parteitag erscheinen oder vor die Fernsehkameras treten wird, ist für mich schon fast ein Sport geworden. Rot und Grün ist sicher ihre häufigste Farbzusammenstellung. Dabei machen sie ihre rotblonden Haare – wie nennt man diesen Schnitt eigentlich? – sowieso unverkennbar. Und wenn ich mal wieder beim Christopher Street Day (CSD) auf dem Paradewagen der Grünen mit ihr durch die Straßen Münchens fahre, kann ich mich darauf verlassen, dass sie einen bunten Schal, fast in allen Farben des Regenbogens, trägt und ihr die Menschen am Straßenrand schon von Weitem ein begeistertes »Claudia, Claudia …« zurufen. Keine Frage: Kleider machen Leute! Politiker können sie unverwechselbar machen.

Wer in der Politik etwas auf sich hält, muss es schaffen, von den Karikaturisten mit einem unverwechselbaren Markenzeichen dargestellt werden zu können. Da sind sie dann wieder, Angela Merkels Silhouette, Claudia Roths rote Haare, Helmut Schmidts Zigarette, ehedem Guttenbergs gegeltes Haar und seine tadellos sitzenden Anzüge.

Was vielen Grünen aber noch viel wichtiger als entsprechend farbige Klamotten sind, das sind die Buttons. Bei keiner Partei habe ich je eine solche Vielfalt an Gesinnungsbuttons gesehen wie bei den Grünen: »Atomkraft? – Nein danke!«, der Klassiker seit Bestehen der Grünen, »Nazis raus!«, »Ich bin Feministin« und die klassische Sonnenblume auf grünem Hintergrund in allen möglichen Varianten. Inzwischen habe ich mir eine ganze Schachtel voll mit Buttons und Anstecknadeln bereitgestellt, aus der ich mich dann »bestücke«, sei es eine Veranstaltung zur Frauenquote oder zum »Equal Pay Day« (dem internationalen Aktionstag für die Entgeltgleichheit zwischen Männern und Frauen), sei es zur Anti-Atom-Demo, zu einem netzpolitischen Kongress oder zum CSD. Der Vorteil: Man erkennt, zum Beispiel auf dem Weg zu einer Grünen-Veranstaltung, gleich die Parteikollegen. Der Nachteil: Auf dem Weg zu oder von einer Demo trägt man seine politische Gesinnung für alle sichtbar zur Schau, auch für die, die ganz anderer Meinung sind. Als ich etwa mal mit meinem »Nazis raus!«-Button quer durch die Stadt gefahren bin, weil wir gegen die Infostände der Rechtsradikalen an verschiedenen Standorten demonstrierten, war mir in den U-Bahnen und auf der Straße schon mulmig, denn die Radikalen sind nicht gerade für ihre Toleranz und Gewaltfreiheit bekannt.

Für einen grünen Bundestagskandidaten ist es natürlich Pflicht, sich im Wahlkampf mit grünem Outfit zu präsentieren. So sah ich das jedenfalls. Da traf es sich gut, dass sich auf dem Parteitag in Berlin, auf dem mit der Verabschiedung des Programms zur Bundestagswahl die heiße Phase des Bundestagswahlkampfes eingeläutet wurde, ein Textilhersteller anbot, gleich zum Mitnehmen an Ort und Stelle, grüne T-Shirts mit einer großen Auswahl an Emblemen zu bedrucken. Das sprach sich schnell herum.

Auch ich pilgerte zu diesem Stand, im Schlepptau Doris, Beate und Gisela, drei Parteifreundinnen, die mich beraten wollten. Aber, oh je, drei Frauen als Bekleidungsberaterinnen, das wurde kompliziert.

»Nimm dieses Emblem, das passt gut.«

»Nein, nimm lieber das, das passt doch besser.«

»Du könntest doch die Vorder- und die Rückseite verschieden bedrucken lassen.«

Während unsere Diskussion über das passendere Symbol auf meinem grünen T-Shirt munter weiterging, wurde die Schlange hinter uns länger – und zunehmend ungeduldiger. Am Ende orderte ich, überfordert von der großen Auswahl, einfach zwei knallgrüne T-Shirts – das eine mit einer Sonnenblume vorne drauf, das andere mit der stilisierten Darstellung einer von Schmetterlingen umflattern Wiese und – in großen Lettern – dem sinnhaften Wahlspruch »Mit dem wird's was«. Und, Überraschung, mit dieser Wahl waren dann auch meine drei Beraterinnen zufrieden.

Zurück in München ergänzte ich diese »sprechenden« T-Shirts noch um ein paar textfreie knallgrüne Polohemden. Seither lagert in meinem Kleiderschrank ein Stapel grüner Wahlkampfklamotten. Die Wirkung meiner Wahlkampf-»Uniform« konnte ich bei einem Straßenfest ausprobieren. Da musste ich gar nicht mehr viel erklären, als ich mit meinem grünen Polohemd erschien. Es wussten eh schon viele, dass ich für die Grünen kandidierte. Trotzdem amüsierten sich manche darüber, dass ich jetzt wohl immer in Grün durch die Straßen laufen müsse. Der Knaller waren an diesem Tag meine grünen Socken, die ich geschenkt bekommen hatte. Die sorgten für große Erheiterung. Dass ich so weit gehen würde, das hatten mir doch die wenigsten zugetraut, die mich ansonsten eher in blauer, grauer oder beiger Kleidung kannten. Aber die allerwenigsten verstanden meine Anspielung auf die »Rote Socken«-Kampagne, mit der die CDU in den Neunzigern bei den Wählern die Angst vor einer Regierung aus SPD und der LINKEN schürte.

Allerdings war ich nur noch ein zweites Mal couragiert genug, mit den grünen Socken aufzutreten: nämlich als ich auf der Bühne des Münchner CSD zusammen mit den Bundestagskandidaten der anderen Parteien interviewt wurde. Auf dem »rosa Sofa« sollten meine Konkurrenten von SPD, FDP, Linken und ich Fragen zum Partnerschaftsgesetz und zu allem, was aus unserer Sicht noch zur Gleichstellung von Lesben, Schwulen und Transgender zu unternehmen sei, beantworten. Ich ärgerte mich gerade ziemlich darüber, dass der SPD-Kandidat ernsthaft so tat, als sei das von Rot-Grün gemeinsam beschlossene und so bedeutsame Partnerschaftsgesetz allein von der SPD initiiert worden. Gleichzeitig nahm er noch drei Viertel unser aller – ohnehin knapp bemessener – Redezeit für sich in Anspruch, weil er einfach nicht zum Ende kam. Da schlug ich absichtsvoll die Knie übereinander und schob meine beige Sommerhose ein Stückchen zurück, sodass meine grünen Socken weithin sichtbar über den Münchner Marienplatz ins Publikum leuchteten. Wenige Minuten später vibrierte mein Handy. Eine SMS: »Beppo, du bist echt gut. Aber grüne Socken, das geht ja gaaaar nicht!!!« Dazu ein Smiley und »Lieben Gruß der Schmidi«. Ich musste schmunzeln, ließ es dann aber künftig tatsächlich sein mit den grünen Socken. Allerdings lag das eher an praktischen Gründen, denn die meisten Wahlkampftermine boten gar nicht erst die Gelegenheit, diese farbenfrohen »Fußkleider«

zur Schau zu tragen. Oder die Termine fanden nach der Arbeit statt, und grüne Socken unterm Anzug im Büro, das war mir dann doch zu verwegen.

Ein andermal traf ich auf einem Straßenfest auf eine Gruppe von Freunden. »Na, wie läuft dein Wahlkampf so?«, erkundigten sie sich. Einer von ihnen verabredete sich gerade übers Handy mit jemand anderem. »Du, ich bin gar nicht zu verpassen. Ich stehe direkt neben der grünen Kugel.« Während ich ihn da so sprechen hörte, schaute ich mich um, welchen Treffpunkt und welche grüne Kugel als Erkennungszeichen er denn wohl meinen könnte. Unter großem Gelächter der Umstehenden kapierte ich dann nach ein, zwei Minuten, dass der Gute mich gemeint hatte. Wie es halt so ist, war ich von da an die »grüne Kugel«, denn diese Bezeichnung war einfach zu gut, als dass sie sich nicht schnell verbreitet hätte. Bei meinen Freunden und Bekannten wurde die »grüne Kugel« zum Bonmot, zumal sie mich während des Wahlkampfes wochenlang in der Öffentlichkeit, bei Straßenfesten, an Infoständen und in Gaststätten nur noch mit einem grünen Polohemd oder T-Shirt zu sehen bekamen. Falls ich mal wirklich nichts Grünes trug, wurde auch das gleich süffisant kommentiert: »Heute nicht im Dienst? Kein Wahlkampf?« Nachdem der Wahlkampf vorbei war, trug ich bestenfalls noch ab und an einen grünen Wollpullover – es war ja mittlerweile Spätherbst und Winter geworden –, was ebenfalls registriert wurde. »Aha, verstauben deine Wahlkampfklamotten jetzt bis zum nächsten Mal?« war dann der Kommentar.

Bis zu meinem Dasein als Wahlkämpfer war für mich der Satz »Kleider machen Leute« eigentlich nur eine Phrase. Seither habe ich – im wahrsten Sinne des Wortes – am eigenen Leibe erlebt, wie Kleidung dafür sorgen kann, dass man wiedererkennbar wird, wie man auf diese Weise, noch mehr als mit den Plakaten, mit der Partei identifiziert wird. Das Grün meiner

Polohemden war sofort selbsterklärend. Seither bin ich für die meisten, die mich kennen, endgültig »der Grüne«. Klar, das habe ich ja auch so gewollt und habe damit gar kein Problem. Trotzdem war mir das am Beginn des Wahlkampfes so nicht bewusst. Wenn heute jemand, der mich während des Wahlkampfes erlebt hat, eine Zeichnung von mir erstellen würde, wer weiß, vielleicht käme so etwas wie eine grüne Kugel dabei heraus.

KAPITEL 10
Das Plakat

Du musst gar nichts beachten. Du musst nur ausgeschlafen
sein. Und bring ein blaues Hemd mit, vielleicht noch eins
zum Tauschen, falls das eine nicht so gut kommt.« So weit die
Anweisungen von »HaJü«, dem Fotografen, der das Foto für
mein Wahlplakat machen sollte. HaJü hatte schon für viele
Kandidaten die Plakatfotos geschossen, er hatte Ahnung, Routine, ihm konnte man vertrauen. Nur: Ich hasse weniges mehr,
als fotografiert zu werden. Mir tränen regelmäßig die Augen,
wenn ich mich auf eine Kameralinse konzentrieren soll, das ist
kaum zu stoppen. Ganz besonders schlimm ist es für mich, in
engen Fotostudios oder geschlossenen Räumen fotografiert zu
werden, was ja meist üblich ist.

Keine guten Voraussetzungen für das Foto, das demnächst
auf meinen Plakaten prangen sollte. Was soll ich sagen: Ich
habe selten so schlecht geschlafen wie in der Nacht vor den Aufnahmen. Die Müdigkeit in meinem Gesicht ließ sich nicht mit
noch so viel Erfrischungswaschgel und die Augenringe nicht
mit Augencreme vertuschen. Die Frisur ließ sich auch nicht
so hindrapieren, wie ich mir das für den großen Moment ge-
wünscht hatte. Ausgerechnet. So erschien ich ziemlich miss-
mutig im Fotoatelier. HaJü allerdings ist Profi, es war ja nicht das
erste Foto, das er für ein Wahlplakat entwickelt hatte. In einem
großen Raum war ein für mich befremdliches, umfangreiches
Foto-Equipment aufgebaut. Was die Leiter da sollte, kapierte
ich auch erst mal nicht. »Geh dich schon mal umziehen. Die
Visagistin kommt gleich zu dir.« Visagistin? Schon der Gedanke

daran, dass da jemand Fremdes mit fetter Schminke in meinem Gesicht herumfuhrwerken würde, passte mir gar nicht. Ich hatte das mal vor vielen Jahren bei einem Interview für einen lokalen Fernsehsender erlebt. Hinterher muss man sich dann wieder mühsam abschminken und sieht die Pickel innerhalb weniger Sekunden sprießen. Die junge Dame, die mich für die Kamera mit Puder von meiner glänzenden Stirn befreien sollte, gab sich alle Mühe, mit viel Freundlichkeit meine erkennbare Antipathie zu verscheuchen. Als ich in den Spiegel schaute, musste ich zugeben, dass mein Gesicht ohne Glanz auf Nase und Stirn und ohne vor Nervosität geröteten Backen schon besser aussah.

Als ich dann endlich zurechtgepudert und -frisiert war, wurde ich vor den passenden Hintergrund gestellt und ins rechte Licht gerückt. Und los klickte die Kamera! Gefühlte 1000 Aufnahmen mussten schon im Apparat sein, aber der Fotograf machte immer weiter. Mal von unten. Mal von oben, Schritt für Schritt von den Sprossen der Leiter aus. Von links, von rechts. »Lächeln!« Trotz freundlicher Aufforderung konnte ich das seit jeher am allerwenigsten: auf Kommando lächeln. Selbst ein paar aufheiternde Sprüche halfen nicht, mich kameragerecht zum Lächeln oder gar Lachen zu bringen. Als ich mir die ersten Aufnahmen ansehen durfte, gefiel ich mir so gar nicht, mein Lächeln wirkte eher gestellt. Und dann noch das: »Wir sollten das Hemd tauschen. Dieses Blau ist irgendwie zu kalt. Meinst du nicht auch?« So, so, »zu kalt«, dieses Blau. Jetzt war mir schon fast alles egal. »Ja, ich hab noch ein anderes blaues Hemd dabei. Ein weißes übrigens auch. Soll ich nicht lieber das nehmen? Weiß trägt nicht so auf.« Nein. Also das andere blaue Hemd, diesmal hoffentlich weniger kalt.

Wieder endloses Kameraklicken. Wieder aus den verschiedensten Positionen. Wie lächelt man eigentlich, wenn man muss, aber gar nichts Erheiterndes hört? Mir fällt das schwer, ich meine dann immer, dass mein Mund völlig verzerrt sei, jedenfalls kann ich mich mir dann nicht wirklich natürlich lächelnd vorstellen. Ganz anders als mein Neffe, meine Nichte oder andere Menschen, die ich kenne, die scheinbar mühelos auf Kommando ein fröhliches Gesicht für die Kamera hervorzaubern können. Der arme Fotograf mühte sich wahrlich ab, mich aus allen Blickwinkeln sympathisch abzulichten, und war dann doch noch dabei erfolgreich, mir ein Lächeln zu entlocken. Anschließend standen wir zu dritt vor einer riesigen Zahl von Aufnahmen und grenzten die Motive mit kritischen Blicken ein. Am Ende blieben noch etwa 40 Fotos übrig, die Gnade vor unserer kleinen Jury fanden. Für den fremden Betrachter sahen sie wahrscheinlich ziemlich ähnlich aus. Aber mal war das Lächeln etwas freundlicher, mal das linke Auge offener als das rechte und so weiter. Nur mit meiner Frisur – ich sah ein bisschen aus wie Max und Moritz mit ihren lustigen Wirbeln über der Stirn – war ich gar nicht zufrieden. Und meine Backen waren trotz Schminke viel zu rot und das Doppelkinn zu erkennbar. »Mach dir darüber keine Gedanken, das retuschieren wir alles noch weg, wirst sehen«, sagte HaJü. Es gibt Situationen, da kann man sich nur dem Experten anvertrauen und glauben, was er sagt. Also glaubte auch ich daran, dass das Bild schon noch werden würde. »Ich schicke dir eine DVD, dann kannst du noch mal alles in Ruhe anschauen und das Bild fürs Plakat endgültig festlegen.« So verabschiedeten wir uns und waren wahrscheinlich beide froh, dass wir's geschafft hatten.

Bewerbungsfotos sind ja schon immer ein Kraftakt, aber Fotos, die dann auf DIN-A0-Plakatflächen quer über die ganze Stadt verteilt werden, das ist noch mal eine ganz andere »Nummer«. Ein paar Wochen nach dem Fototermin und der endgültigen Auswahl – so richtig verflogen war meine Skepsis immer noch nicht – radelte ich an einem wunderbar sonnigen Augusttag vom Büro nach Hause. Als ich am Rondell des Gärtnerplatzes gerade schwungvoll um die Kurve fuhr, traf mich fast der Schlag: Ich blickte in mein eigenes Gesicht: lächelnd, mit gebändigten Wirbeln, leicht rosa (statt roten) Backen, (fast) ohne Doppelkinn. Oben links stand in unübersehbaren Lettern: »HERMANN BREM für München-West und Mitte«. Am unteren Rand, quer übers Plakat, über meiner Brust in (freundlich) hellblauem Hemd, befand sich der Wahlkampf-Slogan der Grünen AUS DER KRISE HILFT NUR GRÜN mit dem Sonnenblumen-Logo.

Noch ein Jahr zuvor hatte ich im bayerischen Landtagswahlkampf an einem Sonntag zusammen mit unserer Fraktionsvorsitzenden Margarete Bause deren Plakat im Münchner Stadtteil Schwabing geklebt. So ganz klassisch, wie man sich das vorstellt: mit einem Eimer Leim und einem Tapezierpinsel, Plakatständer für Plakatständer. Margarete Bause ist mit ihrer roten Lockenpracht weithin erkennbar, sodass währenddessen ein paar nette Begegnungen und Gespräche mit Passanten zustande kamen, die das natürlich ganz toll fanden, dass die Frau Abgeordnete ihre Plakate selbst klebt. Für den Bundestagswahlkampf 2009 war dagegen vom Münchner Wahlkampfteam entschieden worden, eine Plakatierfirma zu beauftragen. Andere Parteien machten das schon seit Jahren so. Damit spart man natürlich unglaublich viel Zeit, aber für die Parteikasse ist es ein teurer Spaß. Selbst aufgestellt und geklebt wird aber trotzdem noch, nämlich von den Ortsverbänden in den einzelnen Stadtteilen. Denn nur so ist man halbwegs flächendeckend präsent. Außerdem wissen unsere Leute vor Ort natürlich besser als eine Fremdfirma, wo Plakate gut wirken, sprich von möglichst vielen potenziellen Grünen-Wählern gesehen werden. Lange Rede, kurzer Sinn: Durch diese Fremdbeauftragung wusste ich trotz des Plakatierplans, den ich kurz vorher zugeschickt bekommen hatte, nicht, wann genau die ersten Plakate aufgestellt werden würden, und war überrascht, als sie dann jetzt einfach –

quasi über Nacht – über die Stadt verstreut standen. Aufgestellt wurde an jedem Plakatstandort ein zusammenhängendes Dreier-Ensemble von Plakatständern: ein sogenanntes »Kopfplakat« – das war das mit dem Konterfei des Kandidaten – und zwei »Themen-Plakate« mit einem wechselnden Motto darauf. Das erste von fünf Mottos, das im Bundestagswahlkampf 2009 plakatiert wurde, war eben jenes AUS DER KRISE HILFT NUR GRÜN. Im Laufe der nächsten Wochen wurden dann diese Themenplakate überklebt mit SCHWARZ-GELB – NEIN DANKE! (im Hintergrund eine gelbe Tonne mit dem schwarzen Atomkraft-Symbol), ES GEHT UMS GANZE, JOBS, JOBS, JOBS und KLIMASCHUTZ WIRKT. Nur das Bild von mir auf dem »Kopfplakat«, das blieb immer das gleiche.

Bei dieser ersten Begegnung mit meinem Wahlplakat hielt ich nicht an, stieg nicht vom Rad, sondern fuhr einfach schnell weiter, damit mich bloß niemand sah, und schon gar nicht neben meinem Plakat! Kaum war ich in der Wohnung angekommen, da trudelten schon die ersten SMS ein: »Hey, ich hab dein Plakat gesehen. Super!« Die nächsten Handynachrichten schmunzelten mich förmlich an: »Was Photoshop alles vermag. Smiley, Smiley ...« Richtig aus dem Häuschen war Stefan, mein Mitbewohner. Der rief mich sofort aufgeregt an: »Hast du schon ...«

»Ja, ich hab schon ...«

»Ich hab gleich Fotos gemacht. Die muss ich dir nachher zeigen!«

Zu Hause sahen wir uns dann feixend die Fotos meiner Wahlplakate an, die er – unterwegs mit seinem schwarzen 1960er-VW-Käfer – an allen möglichen öffentlichen Plätzen des Münchner Westens aufgenommen hatte: neben einer Tankstelle; an einem Baum, an dem sich zu Füßen meines Plakates gerade ein Hund erleichterte; neben einer Bank am Gärtnerplatz, auf der ein Obdachloser das Plakat gar nicht erst beachtete; vor einem

Hauseingang, wo sich ein gemeinsamer Freund, der gerade zufällig des Weges kam und ebenfalls nicht glauben konnte, was er da sah, neben meinem Plakat ablichten ließ.

Unser Wahlkampfbudget erlaubte für jeden der vier Wahlkreise etwa 100 Plakatständer, sprich 100 solcher Dreierständer. Also war das Bild von mir an 100 Stellen in der Stadt zu sehen. 100 Standorte klingt nicht nach viel. Aber da diese Plakate über acht Wochen aufgestellt blieben, kamen daran auch eine ganze Menge Menschen vorbei. Es gab mindestens einen Witzbold, der sich den Spaß machte, rote Nasen auf die Wahlplakate zu kleben. Oder eine Zigarette in den Mundwinkel zu malen. Ich habe nie gesehen, wer das gemacht hat. Erstaunlicherweise wurde – soweit ich das überhaupt feststellen konnte – nur ein einziges meiner Plakate so verunstaltet, während Plakate von CSU- und FDP-Kandidaten unübersehbar häufig mit roten Nasen und anderen Dingen »verziert« wurden. Auch von den üblichen Schmierereien wurden meine Plakate weitgehend verschont.

Die liebste Aufschrift war mir die eines zehnjährigen Jungen, dem Sohn eines grünen Stadtrats, der mit seinem Vater und mir an einem Tag beim Wahlkampf mitgeholfen und eine rechte Freude dabei hatte. Der Kleine nahm sich einen Plakatschreiber und schrieb am Ende unseres Einsatzes in nicht ganz korrekter – aber amüsanter – Schreibung auf mein Plakat: »Weld den!« Wie schade, dass ausgerechnet dieses Plakat verloren gegangen ist, denn einfacher als dieses Kind konnte man den Sinn und Zweck eines Wahlplakats wahrlich nicht ausdrücken.

Seit meiner aktiven Zeit in der FDP, also seit über 20 Jahren, erlebe ich die Diskussion, ob man nicht einfach auf die Plakatierung verzichten sollte. Plakate kosten eine Menge Geld, bereiten den Parteimitgliedern viel Arbeit, verschandeln die Gegend und haben doch ohnehin nur begrenzte Wirkung, so die beliebtesten Argumente gegen das Plakatieren. Früher wäre ich sofort bei den Gegnern der Plakatierung gewesen. Aber seit ich selbst einen Wahlkampf bestritten habe, kann ich nur bestätigen: Die Wirkung eines Plakates ist phänomenal! Nie bin ich in meinem Leben öfter auf etwas angesprochen worden als auf dieses Plakat. Wer also meint, Wahlplakate seien nutzlos, der wird von der Wirklichkeit eines Besseren belehrt. Wer da alles anruft oder E-Mails schickt, das ist wirklich unglaublich. Das Plakat war es auch, auf das die Mutter einer Schulfreundin stieß, mit der ich – vor immerhin 30 Jahren – auf dem Gymnasium das Abitur gemacht hatte. Die rief dann gleich im Grünen-Büro an, um sich zu erkundigen, ob ich *der* Hermann Brem sei, mit dem ihre Tochter auf dem Theresien-Gymnasium gewesen ist. Daraufhin rief mich unsere Geschäftsführerin im Stadtbüro an und fragte, ob ich die Tochter der Anruferin kennen würde und mit ihr auf der Schule gewesen sei. »Ja, klar. Die Roswitha, die kenne ich!« Jene Roswitha hat sich dann gleich noch mit einer euphorischen E-Mail bei mir in Erinnerung gebracht und angekündigt, dass sie zwar seit vielen Jahren mit ihrem Mann und den Kindern in Irland lebe, aber jetzt zum ersten Mal ihre Briefwahlunterlagen anfordern und wählen würde. Nämlich mich! Soll jetzt noch jemand behaupten, Plakate wären für die Wahlwerbung nicht so wichtig!

Der Elektriker, der für mein Büro arbeitet, rief mich ebenfalls an einem Montagmorgen ganz aufgeregt an: »Ja, sagen Sie mal, ich wusste ja gar nicht, dass Sie politisch aktiv sind! Ich sitze da gestern mit meiner Frau in einer Wirtschaft in Allach, schaue aus dem Fenster und denke, mich laust der Affe: Sehe ich doch Ihr Gesicht auf einem Wahlplakat der Grünen! Ich war ja wie vom Donner gerührt!«

Ein andermal, der Wahlkampf war schon weiter fortgeschritten, es war wohl so Anfang September, wenn die Münchner so allmählich ihr Wiesn-Outfit aus den Kleiderschränken holen, traf ich auf meinem Weg zur Arbeit im Aufzug den HNO-Arzt, der seine Praxis in unserem Bürogebäude hatte.

»Oh, Herr Professor, Sie sind schon auf Wiesn eingestellt?«

»Nein, nein, sehen Sie denn nicht: Der Janker ist grün! Wo ich jetzt überall Ihre Plakate stehen sehe, muss ich mich doch anpassen.«

Ich bin mir sicher, der HNO-Arzt ist kein Grünen-Wähler. Umso mehr erheiterte mich sein nicht ganz ernst gemeinter »Anpassungsversuch«.

Wenn ich heute mein Plakat von damals so ansehe, verstehe ich gar nicht mehr, warum ich mich mit dessen Entstehung so schwergetan habe oder warum es so lange gedauert hat, bis ich mit meinem Konterfei auf DIN A0 warm geworden bin. Nun gut, ich würde mich nicht gerade in mich selbst verlieben, aber sympathisch finde ich mich darauf inzwischen schon. Von jenem Tag im August an, als meine Wahlplakate das erste Mal auf Gehwegen, auf Grünflächen und an Plätzen standen, war ich also eine »öffentliche Person«.

Die Wirkung meines Plakates wollte ich einmal mit einer ganz speziellen Aktion testen, genau genommen mit einer völlig nutzlosen. Ich veranstaltete ein »Sit-in«. Ein paar Reaktionen auf mein Wahlplakat hatte ich ja schon einfangen können. Aber ich wollte das einfach unmittelbar und hautnah selbst erleben. Eine Idee, wie ich das anstellen könnte, ging mir schon eine Weile durch den Kopf. Aber jeder Politikprofi, mit dem ich darüber sprach, schüttelte ungläubig den Kopf, denn das würde keine einzige Wählerstimme bringen. Ich wollte das aber trotzdem einfach mal ausprobieren und sehen, was passiert. Am 28. August 2009 verließ ich kurz vor 17 Uhr mein Büro am Wittelsbacherplatz und ging die wenigen Meter hinüber zum Odeonsplatz. Dieser Platz zwischen Hofgarten, Residenz, Theatinerkirche und Feldherrnhalle ist sicher einer der prominentesten Plätze Münchens. Und einer der geschichtsträchtigsten zudem, spätestens seit Hitlers gescheitertem Putschversuch 1923 und dem Aufmarsch vor der Feldherrnhalle, die auch in Lion Feuchtwangers Roman »Erfolg« literarisch verewigt wurde. Dort, an der Spitze dieses Platzes, wo die Busse der »Museumslinie« wenden, im Sommer unzählige Fahrradfahrer die »Nord-Süd-Passage« von der Universität in die Innenstadt entlangbrausen, Passanten Richtung Hofgarten flanieren oder einen der begehrten Sonnenplätze im gegenüberliegenden, traditionsreichen Café Tambosi ergattern wollen, stand einsam eines meiner Wahlplakate. Ich hatte mir vorgenommen, mich einfach neben mein Plakat zu setzen und abzuwarten, was passieren würde.

Damit ich nicht so ganz alleine da sitzen würde, hatte ich mich mit einem Freund verabredet, der von Geburt an querschnittsgelähmt und an den Rollstuhl gefesselt ist, der aber immer voller Lebensfreude sprüht und für so ein Vorhaben leicht zu gewinnen war. Jan rollte pünktlich zu mir und meinem Plakat heran. Er saß in seinem Rollstuhl, ich lehnte an meinem Fahrrad. Wir sprachen über seine Sorgen und Nöte, von seinen aktuellen Schwierigkeiten, einen neuen Rollstuhl zu bekommen, mit dem er Basketball spielen konnte. Durch das Gitter eines Versorgungsschachts hörten wir die U-Bahnen unter uns entlangrauschen, sonst passierte zunächst nicht viel. Während wir weiterplauderten, kamen nach und nach vor allem Gruppen italienischer Touristen Richtung Hofgarten an uns vorbei. Dass da zwei Gestalten so mitten auf dem Platz recht einsam neben einem Plakat saßen, lehnten und standen, fiel schon auf. Und spätestens beim zweiten Blick erkannten die Vorbeiflanierenden auch, dass neben dem Gesicht auf dem Plakat das »Original« stand. Die Leute glucksten, deuteten auf das Plakat, deuteten auf mich und deuteten auf die Kamera, um so zu fragen, ob sie denn ein Foto von mir neben meinem eigenen Plakat machen dürften.

Nach einer Stunde begann die Sache so allmählich langweilig zu werden. An diesem Platz kamen halt fast doch nur Touristen vorbei, die zwar gerne ein Foto von uns machten, aber als Wähler für mich nicht in Frage kamen. Nicht mal ins Gespräch kam man mit denen, weil sie nur auf »Durchreise« waren, meistens in Richtung Englischer Garten oder in die benachbarten Einkaufsstraßen. Außerdem taten mir allmählich die Beine weh vom Herumstehen. Da kam die Rettung in Person von Dieter aus meiner Laufgruppe! Der hatte meine Ankündigung des »Sit-in« auf Facebook gelesen und schaute einfach mal vorbei. So waren wir schon mal zu dritt. Er holte mir einen Stuhl aus dem benachbarten Café und – welch ein angenehmer Luxus! – sogar eine heiße Schokolade. Jetzt saß ich also auf einem Stuhl vor meinem Wahlplakat, im Hintergrund meine beiden Freunde, die sich angeregt über Sport, vor allem übers Laufen, unterhielten. Immer noch gingen Menschen an uns vorbei, die meisten schmunzelten herüber, sobald sie erkannten, dass »der auf dem Plakat« ganz leibhaftig vor ihnen saß. Ein Gespräch ergab sich aber mit niemandem, was mich schon ein wenig enttäuschte. Sehr viel länger wollte ich nicht mehr bleiben.

Kurz bevor wir unsere Zelte auf dem Odeonsplatz abbrachen, näherte sich eine ältere Dame im eleganten grauen Kostüm mit Hermès-Handtasche. Sie änderte plötzlich ihren schnurgeraden Weg über den Platz, verlangsamte ihre Schritte in unsere Richtung und hob plötzlich ihren Daumen in meine Richtung. »Finde ich gut, dass Sie das machen!« Das sagte sie ganz leise, mit einem sehr freundlichen Lächeln. »Ich danke Ihnen!«, antwortete ich glücklich, bevor die Dame auch schon ihren Weg schwungvoll weitergegangen war.

Ich habe bei politischen Veranstaltungen oft erlebt, dass Menschen ganz pauschal und abstrakt über »die Politiker« schimpfen. Solange sie keinen persönlich kennen, schimpfen sie besonders gerne. Wenn sie an einem Plakat mit einem Kandidaten vorbeikommen, dann wird schon mal über den »Deppen« geklagt, der abgebildet ist. Steht dann aber so jemand ganz persönlich vor ihnen, ist oft alles umgekehrt. Als sei ein Schauspieler von der Leinwand ins Kino herabgestiegen, spürt man einen gewissen Respekt der Person gegenüber, die da vor einem steht. Dieselben Menschen, die sich sonst ausgiebigst über Angela Merkel echauffieren, jubeln ihr zu und sind glücklich, wenn sie bei einem Bad in der Menge einen Mantelzipfel der Bundeskanzlerin zu greifen bekommen oder ihr die Hand schütteln dürfen. Um diese Absurdität ging es mir bei meinem Selbstversuch. »Da steckt ein Mensch wie du dahinter!«, war meine Botschaft. Und mit diesem Menschen darf man gerne über seine politischen Ansichten streiten. Aber dieser Mensch verdient auch Respekt dafür, dass er sich einsetzen will, dass er sich überhaupt der Öffentlichkeit aussetzt, während doch die meisten Menschen Politik nur aus der Distanz betrachten und dieses »anstrengende Geschäft« nicht selbst ausüben wollen.

KAPITEL II
Tausendundein Freund –
die virtuelle Welt

Muss ich das wirklich?«
»Ja, unbedingt!«

So schnell war entschieden, dass ich mir ein Profil auf Facebook zulegen musste. Ich hatte gerade erst verstanden, wie ich Unterstützerkommentare auf meiner Homepage freischalte oder wie ich Termine in den Kalender eintrage, damit Interessenten bei meinen Wahlkampfveranstaltungen vorbeischauen konnten. Nun hatte die arme Sarah, die mir das alles gerade erst mühevoll beigebracht hatte, auch noch die Sisyphosaufgabe übernommen, mich in die Welt der »Social Media« einzuführen. Gerade noch rechtzeitig vor der ganz heißen Phase des Bundestagswahlkampfes trat ich der Facebook-Gemeinde bei.

»Ich kenne doch schon genug Menschen. Wieso muss ich mir das auch noch antun?«, hatte ich dagegen eingewandt. Sarah aber, Expertin und meine Beraterin in Sachen Internet, wusste es besser: »Als Politiker musst du überall im Web präsent sein. Du wirst sehen, wie schnell das geht und wie toll das ist.« Sie lotste mich geduldig durch alle Pfade, die ich nun in diesem sozialen Netzwerk gehen sollte. Jede Frage, die ich fürs Erstellen des Profils beantworten sollte, bereitete mir Unbehagen, empfand ich als Indiskretion. Was ging das die Internetwelt an, wo ich arbeite? Wo ich zur Schule gegangen bin? Was und wo ich studiert habe? Welchem Glauben ich angehöre? Was ich gerne für Musik höre? Welche Filme ich mag?

»So matchen die dich mit deinen künftigen Freunden auf

Facebook«, belehrte mich Sarah ebenso geduldig wie unbeirrbar. Nach einer Woche hatte ich dann endlich alle Fragen, die ich bereit war, in mein Facebook-Profil einzustellen, auch beantwortet. All meine Ehrenämter waren eingetragen und, ja, auch meine Lieblingsfernsehserie («Little Britain«). Dass ich mich für Geschichte interessiere, dass »Kleopatra« aus den Sechzigern einer meiner Lieblingskinofilme ist, welche Sprachen ich beherrsche (einschließlich des Bayerischen), an welchem Tag ich Geburtstag habe (bloß nicht mit Jahr!), all so was ...

Dann wartete ich erst mal ab, was passieren würde. »Hey, du jetzt auch auf fb!«, »Willkommen auf Facebook, Beppo!« – in wenigen Tagen erreichten mich unglaublich viele Freundschaftsanfragen von Menschen, die sich scheinbar alle darüber freuten, dass nun auch ich den Weg dorthin gefunden hatte. Ratzfatz hatte ich dort 200 Freunde, ja, ich kam mit dem »Akzeptieren« von Freundschaftsanfragen kaum mehr nach. Die meisten dieser neuen, virtuellen »Freunde« kannte ich auch noch von Angesicht zu Angesicht. Das wurde aber von Tag zu Tag und von akzeptierter Freundschaft zu Freundschaft seltener, was in der Natur der Sache liegt, denn wer kennt schon so viele Menschen persönlich?

Dann traute ich mich an meinen ersten »post«, einen Terminhinweis zu einer Wahlkampfveranstaltung, die ich an einem Abend im August vor mir hatte. Als ich ein paar Stunden später nachschaute, ob es Reaktionen gab, fand ich auf meinem Profil »37 Freunden gefällt das« und »10 Freunde haben deine Statusmeldung kommentiert« ...

Es dauerte etwas, bis ich wusste, wo ich in der neuen, virtuellen Welt was nachsehen und wie ich dort kommunizieren konnte. Ich wollte es zunächst weder Sarah noch mir eingestehen, aber ich fand tatsächlich Gefallen an der Facebook-Welt. Mich packte der Ehrgeiz, ich wollte auf keinen Fall weniger Freunde haben als andere Grünen-Politiker, auf deren Facebook-Profilen ich immer voller Erstaunen las, dass sie 1000, 2000 oder 3000 Freunde hatten. Für mich tat sich eine ganz neue Welt auf. Wie das eben so ist, mit all jenen, die konvertieren: eben noch ein »Facebook-für-überflüssig-Halter« und jetzt auf dem besten Wege, ein Power-User zu werden! Innerhalb weniger Wochen hatte ich dann auch die 1000er-Freundesgrenze überschritten. Jeden Tag postete ich mindestens eine kleine Nachricht, um meine »Fangemeinde« im Netz wissen zu lassen, was in meinem Wahlkampf gerade anstand. Für alle anderen war es schon ganz selbstverständlich, sich in dieser Welt zu bewegen. Für mich war es eine ganz und gar neue Spielwiese, auf der ich nun begann, mich mit Höchstgeschwindigkeit zu tummeln. Ich kam mir vor wie Captain Kirk beim Entdecken bislang unbekannter Galaxien.

Meinen ersten, wirklich durchschlagenden – und dabei total überraschenden Erfolg – hatte ich mit einer Nachricht über Laubsauger. »Beppo, du als Politiker musst was gegen diese Laubsauger machen!«, flehte mich ein Freund über Facebook an. »Diese Dinger sind der reinste Horror! Kann man die denn nicht verbieten?!« Diesen flehentlichen Wunsch stellte ich einfach bei mir ins Profil und kümmerte mich zunächst nicht weiter darum. Als ich mich ein paar Stunden später wieder einloggte, staunte ich nicht schlecht: über 80 Kommentare, die sich alle darüber ausließen, dass auch sie Laubsauger schrecklich fänden und dass man dagegen doch etwas tun müsse! So konnte man also mit einem winzigen »Nadelstich« im Internet Menschen aus der Reserve locken und ihre Anliegen herausbekommen!

Auch in den folgenden Monaten erhielt ich bei Facebook immer dann das größte Feedback, wenn ich Meldungen zu polarisierenden Themen lancierte. Das war so, als ich mich für die »Stolpersteine« zum Gedenken an ermordete Juden in München einsetzte – die vom Oberbürgermeister und der Vorsitzenden der Jüdischen Kultusgemeinde abgelehnt wurden, weil sie meinten, man solle nicht auf dem Andenken der Ermordeten herumtrampeln. Und das war auch so, als ich mich für einen Volksentscheid für Bayern für einen strikten Nichtraucherschutz einsetzte ...

Von Anfang an faszinierte mich, wie viele Menschen von den Informationen, die ich bei Facebook von mir gab, Notiz nahmen. Diese schweigende Mehrheit schrieb mir nicht und sie kommentierte auch nichts. Diese Leute saßen einfach nur im Netz und beobachteten, was bei den anderen so vor sich ging. Was tatsächlich alles wahrgenommen wurde, erfuhr ich immer erst dann, wenn ich Freunde auf der Straße traf und sie mich auf ganz konkrete Themen, die sie von meinem Profil her kannten, ansprachen. Oder die mich so nebenbei wissen ließen, dass sie mitbekamen, was ich so alles machte. »Wie war's denn letztens noch nach der Oper?« oder »Du machst ja wahnsinnig viel! Hast du überhaupt noch Zeit, dass wir mal wieder auf ein Bierchen weggehen?«

Mittlerweile ist Facebook für mich, anders als 2009, Alltag. Etwa so wie Zeitunglesen. Allerdings ist zwischenzeitlich, nach drei Jahren intensiver Nutzung (und Abnutzung) mein Ehrgeiz, täglich neue Freunde im Internet zu gewinnen, erlahmt. Obwohl die anfängliche Faszination anhält, das schon. Immer noch überlege ich mir jeden Tag genau, was ich an Statusmeldungen absetzen kann, und amüsiere mich darüber, wenn sich manchmal völlig abstruse Kommentarverläufe auf meinem Profil abspielen, die mit der ursprünglichen Botschaft gar nichts mehr zu tun haben.

Privat würde ich Facebook allerdings nicht nutzen. Ich habe schon genug damit zu tun, meine »leibhaftigen« Freundschaften zu pflegen. Für mich dient Facebook ausschließlich meiner politischen Arbeit. Ich kommuniziere mit Parteifreunden in Deutschland und Österreich, tausche Meinungen aus, streite mich virtuell und werbe für grüne Politik. Die meisten »teilen« meine Meinungen, dann folgt ein »Gefällt mir« oder ein Kommentar, manchmal auch keine Reaktion. Ohnehin ist der »Gefällt mir«- bzw. »Like«-Button die genialste Erfindung von Facebook: Ohne lange reden zu müssen, kann man trotzdem seine Meinung kundtun. Wer sich als Politiker in der Öffentlichkeit bewegt und mit einem Mausklick möglichst viele Menschen erreichen will, kommt an Facebook nicht vorbei. Auf Facebook lassen sich Stimmungen zu bestimmten Themen erfahren, Meinungen daraufhin testen, ob sie Proteststürme ernten oder Zustimmung erfahren. Gerade für jemanden, der Politik macht und noch eher unbekannt ist, ist Facebook eine wunderbare Möglichkeit, um den Wirkungsgrad zu erweitern und die Bekanntheit – wenigstens in der virtuellen Welt – zu steigern. Mit all den Informationen, die man selbst oder andere dort einstellen, ist man so umfassend sichtbar, als wenn man den ganzen Tag in der Gegend herumlaufen würde.

Aber: Eines Tages, *nach* meinem Leben als Politiker – das habe ich mir fest vorgenommen, weil ich's dann nicht mehr brauche –, werde ich lustvoll und mit Wonne mein Facebook-Profil löschen und mich von dieser »Droge« entwöhnen.

KAPITEL 12
Freunde, wenn man die nicht hätte!

Vieles von dem, was man so alles unternimmt in einem Wahlkampf, wäre ohne Freunde, die man irgendwo kennt und die man für einen Gefallen ansprechen darf, schlicht zu teuer. Oder es wäre zu mühselig. Ich verdanke meinen Freunden in dieser Zeit viele Gefälligkeiten. Ich verdanke ihnen viele hilfreiche Ratschläge und Tipps. Nicht zuletzt verdanke ich meinen Freunden, dass ich trotz des Dahinschwebens geerdet blieb.

Wie wichtig private Freundschaften und spontane Gefälligkeiten in einem Wahlkampf sind, zeigte sich zum Beispiel, als der Bundestagsabgeordnete Hans-Josef Fell mit seinem »Solarmobil« – eine Art überdachtes, solarzellenbetriebenes Liegefahrrad, mit dem er auf Deutschlandtour war – einen Zwischenstopp in München einlegte. Um ihn würdig zu empfangen, hatten wir mittags vor der Feldherrnhalle, also an prominenter Stelle im Zentrum Münchens, einen Infostand aufgebaut, neben den wir zusätzlich drei gelb angestrichene Anti-Atom-Blechtonnen gestellt hatten. Diese Tonnen sahen aus, als wären sie für den Transport ins Endlager Gorleben gedacht, oder als ob wir sie direkt aus dem löcherigen Salzstock in Asse geklaut hätten. In jedem Fall standen sie an unserem Infostand als Mahnmal für die Gefahren der Atomkraft. Da es ziemlich heiß war, es war immerhin August, hatten wir zusätzlich einen grünen, mit Sonnenblume dekorierten Sonnenschirm aufgestellt, der unsere ohnehin schon auffällige Gruppe über den großen Platz weithin sichtbar machte. Die beiden grünen Bundestagskandidatinnen aus München-Nord und -Ost waren vor Ort und auch Hep Monatzeder, der grüne Bürgermeister, kam aus dem Rathaus dazu. Es herrschte reger Betrieb, viele Menschen, die in den umliegenden Geschäften und Büros arbeiteten und viele Touristen querten den Platz und blieben vor unseren Aufbauten stehen. Sonst fand an diesem Platz Open-Air-Klassik oder das Stadtgründungsfest statt, weshalb die Schaulustigen neugierig waren, was ihnen diesmal geboten wurde. Paolo, eines unserer sehr engagierten Grünen-Mitglieder aus dem Stadtteil Sendling, hatte, wie schon bei manch anderer Gelegenheit, eine Holzeisenbahn auf dem Platz aufgebaut, die man in Bewegung setzen konnte, sobald man auf einem Fahrrad kräftig in die Pedale trat. Zu dieser Zeit und an dieser Stelle waren aber wenige Kinder unterwegs, die das ausprobieren wollten, also trat Paolo selbst in die Pedale.

Hans-Josef Fell traf kurz nach dem Mittagsläuten der Theatinerkirche mit seinem Solarmobil ein. Das weiße Gefährt strahlte in der Augustsonne und war sehr schnell die Attraktion auf dem belebten Platz.

Wir hatten Presse eingeladen, die aber natürlich hauptsächlich an den Parteipromis – unserem Bundestagsabgeordneten und Spitzenkandidaten und dessen futuristischem Gefährt sowie unserem Bürgermeister – interessiert war. Während Hans-Josef eifrig Interviews gab und den Passanten erklärte, wie sein Solarmobil funktioniert, fragte er nebenbei unseren Wahlkampfmanager, ob man die Batterien des Gefährts irgendwo aufladen könne. Hans-Josef Fell war mit dem Solarmobil in den letzten Tagen schon 800 Kilometer durch Deutschland gefahren und wollte damit auch an diesem Tag noch ein ganzes Stück weiterkommen. Aber dafür hätte die Ladekapazität des ansonsten mit Sonnenenergie aufladbaren Zweisitzers nicht mehr ganz ausgereicht. Also brauchte es zusätzlich noch Strom aus einer anderen, klassischen Quelle – aus der Steckdose.

Die Frage nach einer Auflademöglichkeit löste bei uns eine gewisse Hektik aus. Denn auf dem Platz gab es weit und breit keine Steckdose, die wir kurzfristig hätten nutzen können. Wir hatten eine Kabeltrommel dabei, das immerhin! Aber auch nur, weil die in einer unserer Wahlkampfboxen drin war, die wir immer aus dem Stadtbüro an die Orte schleppten, wo gerade Infostände aufgebaut wurden. Woher also den Strom nehmen? Die Menschen, die sich um uns herum tummelten, in das enge und ungewohnte Solarmobil stiegen, sich darin fotografieren ließen und denen wir am Infostand unser Wahlprogramm für 100 % erneuerbare Energien in die Hand drückten, ahnten von diesem praktischen Problem nichts. »Ich hab da eine Idee!«, rief ich unserem Wahlkampfmanager zu. »Fragen kostet ja nichts«, dachte ich mir und betrat das Café Arzmiller neben der Theatinerkirche, das ein guter Bekannter von mir betrieb, mit dem ich seit Jahren zusammen im Sportbeirat der Landeshauptstadt saß. Ich hatte Glück, denn der Chef war da! »Servus, Oskar. Du, ich hab da ein kleines Problem. Wir haben da drüben auf dem Odeonsplatz einen Infostand mit einem Solarmobil, dessen Notbatterie wieder aufgeladen werden muss. Dürfen wir bei dir Strom anzapfen?«

Oskar gehört nicht zu den Menschen, die erst lange fragen, wozu und warum und wofür. Er meinte nur: »Ja, kannst du schon haben.«

»Es ist aber für meine Grünen, das ist hoffentlich in Ordnung.«

Das entlockte Oskar nur ein Lächeln. Ein Grünen-Wähler ist er ganz sicher nicht.

Ich lief also wieder zum Grünen-Infostand über die belebte Theatinerstraße hinüber und verkündete die frohe Botschaft, was große Erleichterung auslöste.

Mit der Kabeltrommel und einer dicken Rolle grünem Klebeband bestückt, ging ich wieder ins Café, steckte neben der

Eingangstür den Stecker rein und rollte langsam das Kabel ab. Im Abstand von einem halben Meter klebte ich jeweils zwei lange Streifen des grünen Klebebands kreuzförmig über das dunkelgraue Kabel, damit es niemand übersehen und es sich außerdem nicht lockern konnte. So ging das ein paar Treppen hinunter, quer über die Straße bis zum Solarmobil auf dem Odeonsplatz. Ich bin an dieser Stelle sicher schon mindestens tausendmal in meinem Leben vorbeigegangen, aber wie breit die Fußgänger- und Einkaufsstraße hier ist, das bemerkte ich erst an diesem Tag, während ich mich sicher an die zwanzigmal bücken musste, bis ich das Kabel über die volle Breite der Pflastersteinen festgeklebt hatte. Die Passanten wunderten sich indessen kopfschüttelnd, wer da – im anthrazitfarbenen Anzug, mit weißem Hemd und grünem Schlips – etwas hilflos und hektisch zu ihren Füßen herumwurstelte. »Da hinten müssen Sie noch mal nachkleben, das ist zu locker.« Als ich meinen inzwischen hochroten Kopf genervt nach oben hob, um zu sehen, wer da so schlaumeierte, erkannte ich die Verkäuferin der *Biss*, einer Zeitung, die Obdachlose in München verkaufen. Die Frau steht schon seit Jahren Tag für Tag an der Theatinerkirche. Im Körbchen wartet dann geduldig ihr kleiner Hund in einer Tasche, bis sein Frauchen wieder weiterzieht. Bei schlechtem Wetter verkauft sie ihre *Biss* im Zwischengeschoss der nahe gelegenen U-Bahn-Station, aber heute, heute war herrliches Sommerwetter, und sie hatte sich im Schatten der Feldherrnhalle aufgestellt. Sie grinste freundlich zu mir herüber und konzentrierte sich fast so sehr auf meine Befestigungsarbeit wie ich. Während sie darauf acht gab, dass ich auch ja alles richtig verklebte, versicherte sie mir: »Ich pass dann auf und sag den Leuten, dass sie vorsichtig über das Kabel gehen sollen.« Ich nickte ihr dankbar zu, verklebte das Kabel fertig und steckte das andere Ende des Steckers ins Solarmobil. Ganz so handwerklich hatte ich mir meinen Wahlkampfeinsatz nicht vorgestellt ... Und während das Solarmobil aufgeladen wurde, sah ich vor meinem geistigen Auge schon Oskars Stromrechnung in die Höhe schnellen ... Nach einer guten Stunde hatte das Solarmobil genug »Saft«, und ich konnte endlich unser Kabel wieder langsam rückwärts aufrollen und das klebrige grüne Band entfernen und in eine Tüte stecken, diesmal in die umgekehrte Richtung zu Oskars Café hinüber. Erst jetzt packte auch meine freiwillige Aufpasserin ihre Tasche mit dem Hund, ihre restlichen *Biss*-Exemplare und verließ ihre Stellung. Ich dankte ihr, und wir verabschiedeten uns voneinander. Oskar verzog keine Miene, als ich ihm vorsichtig anbot, uns eine Rechnung über den Stromverbrauch zu schicken. Er meinte nur: »Das passt schon«, und wünschte mir noch einen schönen Tag und viel Erfolg. Ach, wenn man in so einem Wahlkampf nicht auf Freunde zählen könnte!

Es gibt einfach so vieles, das ich nicht getan hätte oder auf das ich selbst gar nicht gekommen wäre, wenn mich nicht Freunde und Bekannte unterstützt hätten. Es war eine sehr schöne Erfahrung für mich zu erleben, wie ich da manchmal ganz unerwartete Hilfe erfuhr: zum Beispiel von Torsten und Sarah, die sich weit mehr, als ich das hätte bezahlen können, um meine Homepage kümmerten. Zum Beispiel von Josef, der mich mein Wahlkampfbanner auf seinem Balkon aufhängen, und von Robert, der es mich quer über das von ihm organisierte Straßenfest hängen ließ, was einen unbezahlbaren Werbeeffekt hatte. Oder von Wolfgang, der mir Aufkleber für meine Wahlkampfmaterialien druckte. Und von Jan, der mir bei meinem »Sit-in« neben meinem Wahlplakat so nett Gesellschaft geleistet hatte und mich über die Lebenssituation Behinderter aufklärte. Welche Gedächtnislücken hätte ich nicht mittlerweile, wenn nicht mein Mitbewohner Stefan es sich zur Passion gemacht hätte, meinen Wahlkampf in Fotos und Filmen zu dokumentieren? Gar nicht zu reden von all den Freunden, die mir auf die Schulter klopften, wenn sie meine Erschöpfung oder meine Zweifel bemerkten, ob ich mich mit so einem Wahlkampf nicht doch übernommen hatte. Oder jene Freunde, die mir ihre kritischen Fragen mit auf den Weg gaben. »Was haben eigentlich Kinder davon, wenn ich dich in den Bundestag wähle?«, fragte mich zum Beispiel Sabine. Darüber hatte ich vorher so konkret noch nicht nachgedacht, deshalb war das eine hilfreiche Anregung. Denn zu oft bleibt man zu sehr bei den Themen »hängen«, die einen selbst besonders interessieren und mit denen man sich gut auskennt. Und auch, wenn man unmöglich zu allen Themen eine Patentlösung anbieten kann, ist es doch hilfreich zu erfahren, was andere für wichtig halten und wie umfassend die Erwartung an den Volksvertreter letztlich ist. Ich war immer dankbar für alle Hinweise, die aus meinem Freundeskreis kamen. Das waren meistens Leute, die mein politisches Engagement zwar respektierten, selbst aber mit Politik nicht viel und mit Parteien noch weniger zu tun haben wollten. Sie halfen mir, weil wir befreundet waren, und nicht, weil sie sich einen Vorteil davon versprachen ...

KAPITEL 13
Auf das Team kommt es an!

Da stand ich jetzt. Zwischen zwei Türen. Beide abge-
schlossen. Ohne Handy. Ein Stockwerk über mir, im Be-
sprechungsraum der Münchner Grünen, wartete ein Dutzend
Menschen, die mein Wahlkampfteam bildeten darauf, dass
ich gleich wieder zurückkommen würde. Ich wollte nur kurz
einen aus der Gruppe, der unser Treffen schon früher hatte verlassen müssen, zur Eingangstüre bringen. Dass der Schlüssel
fürs Gitter nicht für die Eingangstüre zurück ins Treppenhaus
passen würde, damit hatte ich nicht gerechnet. Die hatte ich
noch nie aufsperren müssen. Na bravo! Da hatte ich mein Wahlkampfteam zur Besprechung zusammengetrommelt, und jetzt
scheiterte der Herr Bundestagskandidat an einer Eingangstüre,
die sich nur von innen öffnen ließ! Und – zugegeben – an seiner
eigenen Schusseligkeit. Nach einer gefühlten Ewigkeit vermiss-
te mich endlich jemand, jedenfalls wurde ich in meiner miss-
lichen Lage entdeckt – das Teamtreffen konnte weitergehen.

Gleich nachdem ich in meinem Wahlkreis zum Bundestagskandidaten gewählt worden war, fertigte ich eine Liste an, auf
wessen Unterstützung ich besonders angewiesen sein würde.
Ich wollte ein Team zusammenstellen, denn alleine, das war
von Anfang an klar, konnte ich so einen Wahlkampf nicht stem-
men. Ich brauchte Helferinnen und Helfer. Als Neuling brauchte ich Leute, die schon bei Wahlkämpfen mitgemacht hatten.
Ich brauchte jemanden, der Veranstaltungen organisiert. Und
Parteifreunde, mit denen ich zusammen an Infoständen stehen

konnte und die wussten, an welchen Plätzen sich diese lohnen. So bestand mein Team, jedenfalls auf dem Papier, schnell aus mehr als 50 Namen. Ich wollte alle Grünen, die innerhalb meines Wahlkreises ein Vorstandsamt innehatten oder die in den Stadtteilparlamenten (Bezirksausschüssen) wirklich tolle Arbeit leisteten, ins Boot holen. Ich wollte Junge und Alte und ebenso viele Frauen wie Männer in meinem Team haben. Und ich wollte auch Mitstreiter, die nicht Mitglieder der Grünen waren, denn ich wollte nicht nur die Binnensicht der Partei hören.

Sie alle hatte ich im Februar 2009 erstmals zu einem Frühstück eingeladen. Ein erstes »Brainstorming« sollte es werden. Doch es kamen nur sechs Parteifreunde. Das enttäuschte mich natürlich ein wenig. Die wenigen, die sich die Zeit genommen hatten, hatten aber viele gute Ideen und Ratschläge. Was mir von diesem Frühstück am meisten in Erinnerung blieb, war, dass ich mich unbedingt auch mit den lokalen Themen in den Stadtvierteln meines Wahlkreises vertraut machen sollte und nicht nur mit den »großen Themen« aus der Bundespolitik. An den Infoständen wünschen sich die Menschen, die dort das Gespräch mit den Vertretern der Parteien und deren Kandidaten suchen, dass man sich auch mit den Themen aus ihrem Stadtteil auskennt, die ihnen näher sind. Die Resonanz der Passanten war jedenfalls immer sehr positiv, wenn ich im Stadtteil Pasing zumindest ansatzweise eine Ahnung von den Problemen mit der Verkehrsberuhigung einer viel befahrenen Straße und der »Bedrohung« der kleinen Einzelhandelsgeschäfte in diesem Viertel durch die geplanten großen Einkaufsarkaden hatte. Oder wenn man auf der Fahrradtour durch das schöne Viertel Neuhausen von den Planungen für ein Kreativviertel wusste und sich auch Zeit nahm zu erfahren, wo im Trendviertel um den Glockenbach mehr und mehr sozial Schwache durch Luxussanierung oder eine ausufernde Partymeile verdrängt wurden.

Danach gab es nur noch ein zweites Teamtreffen, eben jenes, das um ein Haar an der »Schlüsselfrage« gescheitert wäre, und bei dem sich nun eine größere Runde versammelte. Denn je mehr der Wahlkampf Fahrt aufnahm, je mehr Veranstaltungen, Infostände und Podiumsdiskussionen zu bestreiten waren, desto mehr gab es zu tun. Nach den ersten Treffen, mangels Zeit für regelmäßige persönliche Besprechungen, hatte ich mich ab einem bestimmten Zeitpunkt darauf verlegt, meine Teammitglieder mit einem unregelmäßigen Newsletter zu informieren. Das kam gut an. Sie mussten nirgends hin und waren trotzdem im Bilde, welche Veranstaltung stattfand und wo ihr Kandidat gerade Wahlkampf machte.

Ich hatte jedenfalls viel Glück mit dem sehr ausgeprägten Teamgeist in den Ortsverbänden meines Wahlkreises. Ich habe auch schon Wahlkämpfe erlebt, bei denen sich tatsächlich nur diejenigen Parteifreunde, Abgeordneten und Mandatsträger aktiv beteiligten, die unmittelbar betroffen waren. Wenn es um den Landtag ging, halten sich die Kommunalpolitiker eher zurück. Und umgekehrt. Bei meinem Wahlkampf erlebte ich das positive Gegenbeispiel, was hoffentlich auch daran lag, dass es mir gelungen war, viele zu motivieren. Da ich ja »nur Zählkandidat« war, konnte ich glaubhaft vermitteln, dass es mir um das gute Ergebnis für die Partei und nicht vorrangig um meine politische Karriere ging. So hatten wir gemeinsam ein ehrgeiziges Ziel: Wir wollten die nächste Bundesregierung stellen, wollten die Energiewende anpacken und noch so viel anderes, das im Wahlprogramm der Grünen stand.

So ganz am Anfang des Wahlkampfes, als ich gerade erst als Kandidat gewählt war, dachte ich noch, dass es damit getan sein würde, selbst gute Ideen und ein Team für *meinen* Wahlkampf zu haben, das einen unterstützt. Damit aber war es eben nicht getan. Irgendwer musste schließlich all jene Wahlkampfaktivitäten planen und organisieren, die nicht ausschließlich *einen* Wahlkampf, sondern den der Grünen in ganz München betrafen. Der Stadtverband der Münchner Grünen hatte uns vier Direktkandidaten daher einen Wahlkampfkoordinator an die Seite gestellt: Florian Sperk von der Grünen Jugend München sollte die Klammer für den Wahlkampf innerhalb des Münchner Stadtgebiets bilden. »Flo«, wie wir ihn alle nannten, sprudelte gerade so vor Ideen. Er versorgte uns regelmäßig mit den neuesten Wahlkampfratschlägen und Anweisungen aus dem Grünen-Landesverband und der Bundespartei.

Im Juni schickte er den Kandidaten und den Mitgliedern der Münchner Grünen einen ersten »Projektplan: Wahlkampf des KV München«. Ich war schwer beeindruckt, denn da stand wirklich alles drin, was wir im Stadtgebiet auf die Beine stellen wollten: die Plakatierungen, die Straßenfeste, Filmabende ... Sogar zur Eröffnung des Oktoberfestes hatte sich unser Wahlkampfkoordinator etwas einfallen lassen: Wir warben vor den Bierzelten für biologisch belassenen Hopfen und gegen genmanipuliertes Getreide. Keine Gelegenheit, Wahlwerbung für uns Grüne zu treiben, sollte ausgelassen werden!

Je öfter wir einen aktualisierten »Projektplan« erhielten, desto umfangreicher wurden die Aktivitäten. Die Menge an Terminen, die Vielfalt an Aktionen – es war beeindruckend und beängstigend zugleich!

Flo hielt jedenfalls die Fäden zusammen, unterstützt von unserem Stadtbüro, in dem drei Teilzeitkräfte arbeiteten. Ab Juni, Juli wurde der Wahlkampf immer »heißer« und Flo nicht etwa müder, sondern, im Gegenteil, immer aktiver. Der Mann schien keinen Schlaf zu brauchen.

Im Landtagswahlkampf, der ein Jahr vorher stattgefunden hatte, hatte ich unangenehm erlebt, wie die Kandidaten als Einzelkämpfer Wahlkampf – oft genug gegeneinander – betrieben hatten. Dieses Konkurrenzdenken war damals vor allem dem bayerischen Wahlsystem auf Landeseben geschuldet, denn da muss jeder Kandidat, der erfolgreich sein will und in den Landtag gewählt werden möchte, für sich persönlich so viele Stimmen wie nur möglich sammeln. Bei diesem System können die Wähler nämlich nicht nur eine Partei, sondern einen Kandidaten einer Partei wählen. Je bekannter ein Kandidat also ist, desto besser stehen seine Chancen, in den Landtag zu kommen.

Im Bundestagswahlkampf 2009 war das anders. Spätestens seit der Listenaufstellung war klar, dass aus München nur Jerzy Montag eine realistische Chance haben würde, über die Landesliste wieder in den Bundestag gewählt zu werden. Für uns andere drei Wahlkreiskandidaten konnte es also bestenfalls um ein ehrenvolles persönliches Ergebnis gehen und um möglichst viele Zweitstimmen für die Partei. Also kämpften wir als Team um die Stimmen für die Grünen. Am Ende hat sich dieses Zusammenspiel gelohnt, dieser Teamgeist war definitiv einer der Erfolgsfaktoren für unser gutes Münchner Ergebnis am 27. September!

KAPITEL 14
Auf der Straße

Wie oft werde ich während des Bundestagswahlkampfes wohl auf der Straße gestanden haben? Ich habe es nicht gezählt, vielleicht so an die 30 Male. Gelegentlich waren es, gerade an den Samstagen innerhalb der letzten vier bis sechs Wochen, drei bis vier Mal an einem Tag. Ich stand an ganz unterschiedlichen Plätzen meines Wahlkreises. An schönen Plätzen, die den Menschen, die dort vorbeigingen, gute Laune auf ein Gespräch mit uns Wahlkämpfern machten. An trostlosen Plätzen, an denen keiner einen Flyer annehmen oder sich auf ein Gespräch einlassen wollte. Bei schönem Wetter, bei dem man sich und den Parteifreunden ein Eis gönnte. Und bei kühlem, windigem Wetter, wo man sich abends völlig durchgefroren unter der Bettdecke erst mal wieder aufwärmen musste.

Schon vor meinen eigenen Einsätzen für die Bundestagswahl hatte ich den Wahlkampf unter freiem Himmel mehrfach »geprobt«. Nur eine Woche, nachdem ich Mitglied geworden war, machte ich bereits beim *Streetlife Festival* Werbung für die Grünen, obwohl ich die »richtigen« Antworten zu vielen Fragen der Flanierenden nicht kannte, weil ich selber noch so neu in der Partei war. Kurz darauf, im Kommunalwahlkampf, stand ich mit Gülseren Demirel, einer in der Türkei geborene Kurdin, die Stadträtin werden wollte, auf einem weitläufigen Platz in der Innenstadt. Völlig verloren und schutzlos dem Frühjahrswetter ausgeliefert, standen wir hinter einem Tapeziertisch, an dem wir, wie eine Tischdecke, eine Grünen-Flagge befestigt hatten.

Sonst hätte man von Weitem wohl gar nicht erkennen können, wofür wir eigentlich warben. Nur die Steine, mit denen wir alle Papierpacken auf unserem Tisch beschwert hatten, verhinderten, dass der Wind, der von allen Seiten wehte, unsere Broschüren und Wahlkampfprospekte davonblies. »Komm, wir schwärmen aus«, schlug Gülseren vor, als nach einer halben Stunde klar war, dass kaum jemand direkt auf unseren Stand zusteuern würde. Also wanderten wir lockeren Schritts, »bewaffnet« mit Werbematerial zur bald anstehenden Kommunalwahl, spiralförmig um unseren Stand herum. Bei dem unwirtlichen Wetter hielt sich allerdings die Zahl derer, die stehen bleiben und über die Stadtratswahl reden wollten, sehr in Grenzen. Nach anderthalb Stunden gaben wir auf und packten unsere Sachen. Ein kleines Erfolgserlebnis hatte ich an jenem Tag aber doch noch: Ich konnte einen Rechtsanwalt und Filmproduzenten, den ich seit vielen, vielen Jahren kannte, aber sicher 15 Jahre nicht mehr gesehen hatte, für die Grünen anwerben. »Mensch, du bist bei den Grünen?«, fragte er mich erstaunt, als wir uns zufällig trafen. »Eigentlich wollte ich ja auch schon längst bei eurem Laden eintreten. Das sollte ich jetzt echt machen.« Was soll ich sagen: Er wurde tatsächlich kurz darauf Mitglied. Ansonsten blieb unsere »Ausbeute« – jedenfalls an diesem Tag – gering.

Über ein Jahr später hatte ich schon ein gutes Dutzend Infostände für die Grünen bestritten. Inzwischen war das für mich so was wie Routine geworden.

Wieder mal war's so weit: Um halb vier nachmittags erinnerte mich mein Outlook-Kalender: »noch 30 Minuten bis WK: Infostand Schützenstraße«. Also: PC herunterfahren, Arbeitsunterlagen wegräumen und raus aus dem Büro zu einem Wahlkampftermin. Die markierte ich mir immer mit dem Kürzel »WK«, um den Überblick zwischen beruflichen, privaten und politischen Terminen nicht völlig zu verlieren. Bloß gut, dass mein Büro sehr zentral in der Stadt liegt, sodass ich alle Termine im Zentrum ohne große Anreisezeit wahrnehmen konnte. Heute Nachmittag ging es also in die Schützenstraße. Das ist eine jener Straßen, die, obwohl Fußgängerzone, nur betritt, wer von A nach B, in diesem Fall vom Stachus zum Bahnhof will. Eine Flaniermeile ist das jedenfalls nicht, schon gar kein Ort, wo man gerne mal stehen bleibt für einen kurzen Plausch. Aber was hilft es, das Münchner Kreisverwaltungsreferat, unser Ordnungsamt, teilt den Parteien im Wahlkampf die Standplätze für die Infostände zu, da bekommt man eben nicht nur die Bestlagen mit entsprechend viel Publikumsverkehr zugesprochen. So stand ich mit meiner Parteivorsitzenden Hanna Sammüller, unserer damaligen Grünen-Chefin in München, und Paolo, einem immer (zumindest immer, wenn ich ihn treffe) gut gelaunten, sehr engagierten grünen Stadtteilpolitiker, am genehmigten Standort, vor Hausnummer 12, in besagter Schützenstraße. Wir bauten unseren kleinen mobilen Infostand auf, eine Art Schränkchen auf Rollen, befestigten den Schirm mit der Sonnenblume daran, legten alle Wahlkampfmaterialien zurecht und bliesen mit Leibeskräften Luftballon für Luftballon auf. Wenn schon kaum jemand stehen bleiben würde, dann sollte man wenigstens unser sattes Parteigrün weithin erkennen.

Wie auf einem Jahrmarkt ließen wir uns für den Infostand immer wieder was Neues einfallen, um die Aufmerksamkeit des Publikums zu gewinnen. Da traf es sich gut, dass wir Paolo als Unterstützer hatten. Er brachte wieder jene Holzeisenbahn mit, die er selbst gebaut hatte, und die mit einem Fahrrad angetrieben wurde. Diesmal hatte er noch ein zusätzliches, ebenfalls selbst gebasteltes Spielzeug dabei: eine kleine Spielzeugrakete, die man, wenn schon nicht zum Mond, dann doch ein paar Zentimeter in die Höhe katapultieren konnte. Während Paolo nimmermüde in die Pedale trat und die Eisenbahn munter ihre

Kurven auf den hölzernen Schienen fahren ließ, versuchten Hanna und ich mit freundlichem Lächeln die Passanten anzusprechen und ihnen unser Wahlprogramm in die Hand zu drücken. Es waren noch zwei Wochen bis zum Wahltermin und das Interesse an Parteiwerbung war durchaus vorhanden. »Darf ich Ihnen das Wahlprogramm der Grünen geben?«, war ein Satz, den wir schon fast vor uns hersagten, selbst wenn gar niemand vor uns stand.

Eltern mit Kindern waren für Gespräche am aufgeschlossensten. Die Kinder wurden vor allem von der Holzeisenbahn und noch mehr von der Rakete angezogen. So bildeten sich um diese Aufbauten und um das Fahrrad immer wieder kleine Gruppen. Paolo setzte die Kinder aufs Fahrrad, die glücklich glucksten, sobald sie mit der Kraft ihrer kleinen Beine die Eisenbahn aus den Schienen warfen oder die Rakete nach oben katapultierten.

Und welch ein Glück, dass Kinder auch immer Luftballons mögen. Ich habe während des Wahlkampfes gelernt, dass das Erste, das an einem Infostand fertig sein muss, die Luftballons sind. Viele, viele Luftballons, in Grün, in Violett, in Blau, in Gelb, in Rot, ach in allen möglichen Farben ... Denn Kinder mögen's bunt und das aufgedruckte »Bündnis 90/Die Grünen«-Logo mit der Sonnenblume stört die Kleinen überhaupt nicht – falls sie überhaupt schon lesen können.

Kurz bevor wir den Infostand abbauten, kam noch ein Elternpaar mit Oma und drei Kindern an den Stand. Die Eltern zogen die Kinder auf einem Holzkarren hinter sich her. Zwei der Kinder sprangen auch gleich aus dem Karren auf das Fahrrad zu und fragten: »Dürfen wir?«

»Ihr dürft beide«, versicherte Paolo den zweien, die sich darum balgten, wer wann und wie lange aufs Fahrrad durfte. Während Hanna mit den Eltern über die Ziele der Grünen sprach, erklärte mir die Oma, dass der dritte Junge, der jüngste der drei, eine kleine Körperbehinderung an den Beinen und den Armen habe und deshalb nicht aus dem Karren kam. »Magst du auch aufs Fahrrad?«, fragte ich den Kleinen, der einfach nur schüchtern lächelte. »Was magst du denn lieber antreiben, den Zug oder die Rakete?« Sein geflüstertes »Rakete« war kaum zu hören. Seine Mutter trat dazu und half ihm aufs Fahrrad. Seine ersten zwei, drei Umdrehungen der Pedale waren noch etwas unbeholfen, bis er seinen Rhythmus gefunden hatte und die Rakete in Bewegung versetzte. Einmal, zweimal, dreimal ... Jedes Mal lachte er glücklich vor sich hin, seine Augen leuchteten, seine Schüchternheit war völlig verflogen. Während der Junge freudig in die Pedale trat und ein wenig von der Welt in Bewegung versetzte, sprach ich mit seinen Eltern darüber, welche Sorgen sie als Familie mit einem behinderten Kind hatten und für welche Probleme sie sich von der Politik Lösungen erhofften.

Nicht bei jedem Wahlkampfeinsatz auf der Straße, an Plätzen, vor U-Bahn-Eingängen hat man das schöne Erlebnis, jemanden glücklich zu machen wie jenen Jungen. Oft genug steht man einen großen Teil der Zeit einfach nur herum und wartet an zugigen Stellen auf »Kundschaft«. Manchmal muss man sich von streitlustigen Passanten alles Mögliche anhören, was *die Politik* alles nicht verstehen würde, was *die Politik* alles falsch mache. *Alle* Politiker seien doch korrupt. Über allen Wolken würden die schweben und keine Ahnung hätten sie mehr von den Nöten der Menschen »da unten«. Da muss man dann wohl oder übel durch. Für diese Leute spielt es auch keine Rolle, dass man sich selbst gar nicht als klassischen »Politiker« definieren würde, denn schließlich geht man ja im »wahren« Leben einem anderen Beruf nach und steht hier »nur« als Kandidat seiner Partei. In den meisten Fällen streite ich dann schon mal – in aller Höflichkeit, versteht sich – mit den Kritikern und vertrete einfach meine persönliche Meinung, auch wenn die mal von der Beschlusslage der Partei abweicht.

Es gibt aber auch Momente – gerade dann, wenn ich schon ein, zwei Stunden an einem Stand gestanden und geredet, geredet, geredet habe –, in denen ich zum Streiten keine Lust mehr habe. Dann lasse ich die, die schimpfen wollen, einfach schimpfen und bringe nicht mehr als ein »Wir haben da unterschiedliche Auffassungen und das werden wir heute wohl nicht mehr auflösen können« heraus ...

Immerhin, ich hatte Glück, denn persönlich angegriffen wurde ich nie, wenn ich mich da so auf der Straße den Bürgern »auslieferte«, um für die Partei Rede und Antwort zu stehen. Das hatte ich als Helfer in früheren Wahlkämpfen auch schon anders erlebt und dann regelmäßig Mitleid mit unseren Abgeordneten gehabt, die sich so etwas gefallen lassen mussten.

Wie gerne hätte ich manchmal darauf verzichtet, bei gutem, aber auch bei schlechtem Wetter da draußen zu stehen und mich für meine politische Meinung quasi zu »prostituieren«. Aber die Sichtbarkeit im Stadtbild ist notwendig. Wenn eine Partei, die mitmischen will, nicht vor Ort sichtbar ist, bekommt man das sofort zu hören. Infostände sind eine Einladung an die Wähler zum direkten Gespräch. Wenigstens – die Betonung liegt auf »wenigstens« – vor den Wahlen sollten alle Mitbürger, die das wollen, die Möglichkeit haben, ihre Politiker direkt ansprechen zu können. Als Wahlkämpfer kommst du dir manchmal dabei allerdings ziemlich nackt vor, ohne Rückzugsmöglichkeit.

Trotz alledem und obwohl Straßenwahlkampf immer anstrengend ist: Den unmittelbaren Kontakt zu den Menschen habe ich immer sehr genossen. Das ist auch in den Parteien nicht jedermanns Sache. Manche schreiben lieber an politischen Papieren, tüfteln an Anträgen, an Strategien oder entwerfen Kampagnen. Mir war der Wahlkampf auf der Straße oft lieber als zum Beispiel bei einer Podiumsdiskussion wie auf dem Präsentierteller zu sitzen und mich mit den politischen Mitbewerbern zu streiten. Beim Straßenwahlkampf kann man einen direkten persönlichen Kontakt zu den Wählern aufbauen, kann im Zwiegespräch überzeugen. Und selbst diejenigen, mit denen man nicht direkt ins Gespräch kommt und die die Info-stände der Parteien nur aus der Distanz wahrnehmen, registrieren doch: »Die reden mit uns.«

Ohne Präsenz auf der Straße, da bin ich mir ganz sicher, wären viele Stimmen nicht gewonnen worden.

KAPITEL 15
Drum prüfe, wen du wählst

Wer sich gelegentlich darüber beklagt, er erhalte zu viel unerbetene Post, der sollte vielleicht mal als Kandidat in einem Wahlkampf antreten! Zuerst bemerkt man ja noch nicht viel davon, dass man zu einer »öffentlichen« Person geworden ist. Doch dann, so drei, vier Monate vor dem Wahltermin, erhält man immer mehr Post von Menschen und Organisationen, von deren Existenz man bis dahin nichts wusste. In Zeiten, in denen man außer der Abo-Zeitschrift, Arztrechnungen und dem Prospekt vom Getränkemarkt um die Ecke kaum mehr Post im Briefkasten findet, weil die Korrespondenz inzwischen meist übers Internet stattfindet, darf man als Bundestagskandidat seinen Briefkasten getrost jeden Tag erwartungsfroh öffnen und sicher sein, dass sich darin unglaublich viel Post findet, die gelesen und bearbeitet werden will. Standardbriefe von Vereinen, wo sich schon das Kuvert nach vielen Blättern und somit viel Text anfühlt. Größere Kuverts, aus denen man mehrseitige Fragebogen zieht. Recycling-Kuverts mit maschinengeschriebenen Zetteln. Hochglanzprospekte von bundesweit tätigen Verbänden.

Erst als ich bemerkte, dass ich nicht nur Post von Vereinen und Verbänden, sondern auch von Privatpersonen erhielt, erschrak ich über die Vorstellung, wer alles plötzlich meine Adresse kannte. Deshalb stellte ich bei der Münchner Stadtverwaltung einen Antrag, dass meine private Adresse von dort nicht weitergegeben wird. Doch mein Versuch, mich vor zu viel Post an meinen persönlichen Briefkasten zu schützen, scheiterte daran, dass man mir in einem ausführlichen Schreiben begründete, dass ich schließlich ein Abgeordnetenmandat im Deutschen Bundestag anstrebe und es daher ein öffentliches Interesse an dieser Anschrift gäbe. Die Weitergabe und Veröffentlichung meiner Privatanschrift, zu der ich im Übrigen verpflichtet sei, könne ich nur verhindern, wenn ich nachweisen könne, dass ich zum Beispiel bedroht würde. Das konnte ich natürlich nicht, also blieb es dabei: Jeder konnte meine Adresse abrufen.

So schickte mir denn der »Väteraufbruch für Kinder e. V. – Bundesgeschäftsstelle – Palmental, 99 817 Eisenach« seinen »Wahlcheck Väterpolitik.de«. Die meisten der sieben Fragen zum Ankreuzen konnte ich guten Gewissens beantworten: Ja, ich war der Meinung, dass es für die Entwicklung von Kindern besser ist, wenn sich Väter stärker an deren Erziehung und Betreuung beteiligten. Ja, ich fand, dass die stärkere Einbindung von Vätern in die Kindererziehung den beruflichen Einstieg von Müttern fördert und die Armut von Familien mindert. Ja, ich war auch für geeignete Fördermaßnahmen, um die Vereinbarkeit von Familie und Beruf auch für Väter zu unterstützen. Und zu guter Letzt: Ja, eine gezielte Väterpolitik (was immer Mann oder Frau im Detail darunter verstehen mag) kann auch die Gleichstellung von Frauen mit Männern im Beruf beschleunigen!

Mit dem Kommentar »Ich finde es prima, dass Ihre Initiative beide Elternteile in die Pflicht nimmt und fördern will!« schickte ich den Fragebogen an den Absender zurück.

Wie das ausgewertet wurde, habe ich in diesem Fall nie erfahren oder jedenfalls nicht bewusst verfolgt. In anderen Fällen schon, denn da wurde mir als Kandidat dezent – sagen wir ruhig – »gedroht«, dass ich Fragen zur Bundestagswahl bis dann und dann zu beantworten hätte. Andernfalls müsste man »bedauerlicherweise« die Nichtbeantwortung veröffentlichen, nach dem Motto: »Herr Brem von den Grünen hat keine Meinung zu diesem und jenem von unseren Anliegen. Herr Brem kümmert sich nicht um die Belange von ...« Na, wer will schon als Kandidat für den Deutschen Bundestag ein solches Risiko in Kauf nehmen und derart bloßgestellt werden?

Also beantwortete ich artig – meistens zwischen dem sehr späten Nachhausekommen und dem Zubettgehen – die »Wahlprüfsteine« und »Fragen an die Kandidierenden«, die mir in immer schnellerem Takt per Mail oder Post zugesandt wurden. Einfallsreich war die Gewerkschaft ver.di. Zugegeben, zunächst stutzte ich nicht schlecht, als die mir eine »Zielvereinbarung« zukommen ließen. Ich dachte schon, die hätten sich vertan, denn Angestellter von ver.di war ich ja nun nicht. Schon gar nicht konnte ich mich an eine solche »Zielvereinbarung« zwischen mir und der »ARGE ver.di Gruppe Erwerbslose« erinnern. Irgendwann kapierte ich dann schon, dass ich mich als künftiges Mitglied des Deutschen Bundestages verpflichten sollte. Im Gegenzug verpflichtete ver.di sich freundlicherweise, »ein Kreuz neben Ihrem Namen in den Wahlunterlagen zur Bundestagswahl zur Stärkung Ihrer Bemühungen [...]« zu machen, wenn wiederum ich als »Vertragspartei« im Gegenzug die »Zielvorgabe: 1. Einführung eines gesetzlichen Mindestlohns von mindestens 7,50 € pro Stunde, 2. Erhöhung des Regelsatzes über 435 € im Monat, 3. Entsanktionierung des Leistungsbezugs von ALG I und ALG II [...]« einhalten würde. Ein fairer Deal, dachte ich mir, zumal ich ganz korrekt auch noch über die »Folgen« belehrt wurde. Also schickte ich auch diese Vereinbarung an den Bezirkserwerbslosenausschuss bei ver.di München zurück, deren Logo von einem misstrauisch dreinblickenden Nashorn aufgespießt wird.

Wenn man sich inhaltlich bereits mit den unterschiedlichsten Themen beschäftigt hat, seine eigene Meinung und die der Partei kennt, ist das Beantworten solcher Fragebögen nicht weiter schwierig. Was aber, wenn man bei einem Thema Zweifel hat und es in der Partei entweder keine oder gar eine zu der eigenen Meinung gegensätzliche Beschlusslage gibt? In dieses Dilemma kam ich, als der Hotel- und Gaststättenverband mich anschrieb und von mir wissen wollte, wie ich zu seiner Forderung stünde, den Mehrwertsteuersatz für die Branche von 19 Prozent auf 7 Prozent herabzusetzen. Nun, ich selbst bin ein Kind von Gastronomen und deshalb für alles, was der Branche helfen würde. Aber als Politiker war es mir zu brisant, die Frage nach meinem spontanen »Bauchgefühl« zu beantworten. Also fragte ich bei der Grünen-Bundestagsfraktion nach und zusätzlich noch bei unseren Grünen im Landtag. Auf der »7-Prozent-Unterstützungs-Website«, die der Hotel- und Gaststättenverband extra eingerichtet hatte, stellte ich fest, dass der wirtschaftspolitische Sprecher der Grünen-Landtagsfraktion in Bayern sich für die Senkung des Mehrwertsteuersatzes aussprach. Deshalb klickte ich auf der Verbandswebsite ebenfalls auf »Ich unterstütze die Forderung«. Kurz darauf – zu spät – folgte die Antwort der Bundestagsfraktion auf meine Frage, die nun prompt, wenn auch etwas verklausuliert, eine Senkung der Mehrwertsteuer ablehnte. Aber ändern konnte ich meine Zustimmung – schon aus technischen Gründen – auf der Seite des Verbands nicht mehr. Und ich wollte es auch nicht. Zur Not, falls mich jemand fragen würde, war ich bei dieser Frage eben mal anderer Meinung als ein Teil meiner Parteifreunde ...

Manch weitere Anfrage blieb aus Zeitmangel oder weil ich einfach nicht wusste, was ich hätte antworten sollen, unbeantwortet: so die Postkarte, die mir zum Beispiel ein Herr aus 96 129 Strullendorf schrieb – einer, wie ich jetzt weiß, Gemeinde im Landkreis Bamberg. »Meine Gretchenfrage zur Bundestagswahl 2009 – Wie haltet ihr's mit der Bürgerschaftsdemokratie?« Was dieser Herr von mir persönlich und den Grünen ganz allgemein wissen wollte und wodurch sich sein Anliegen von dem anderer Organisationen wie etwa »Mehr Demokratie« unterschied, blieb mir schleierhaft. Ich gab es auf, alles verstehen zu wollen. Oder was hätte ich dem Verein Deutsche Sprache erwidern sollen, der im Grundgesetz verankern will, dass die Sprache der Bundesrepublik Deutsch ist? Ist es wirklich so wichtig, dass Deutsch als Wissenschaftssprache von der Politik mehr gefördert wird? So leid es mir tat: Als leidenschaftlicher Leser und Freund meiner Muttersprache konnte ich die 31 000 Mitglieder dieses Vereins nicht mit überzeugenden Antworten zu deren Sorge um die deutsche Sprache zufriedenstellen.

Wenn wieder mal Interessengruppen wie etwa die »Bundesvereinigung Lebenshilfe für Menschen mit geistiger Behinderung« oder der »Bundesverband evangelische Behindertenhilfe« oder der »Deutsche Blinden- und Sehbehindertenverband« oder die »Lebenshilfe Berlin zu Inklusion und zur Verbesserung der Lebenssituation von Menschen mit Behinderung« die mehr oder minder gleichen komplexen Fragen zu Behindertenpolitik, Inklusion oder Integration stellten, griff ich auf die Parteibeschlüsse und Positionen der Grünen zurück, die ich im Wahlprogramm oder auf unserer Homepage fand.

Viele größere Wirtschafts- und Berufsverbände, Kammern und Gewerkschaften begnügten sich ohnehin damit, die eigenen Positionen und ihre sogenannten »Wahlprüfsteine« für das Wahljahr 2009 via Broschüren oder aufwendig gestalteten DVDs zu übermitteln und darauf zu hoffen, dass man diese wahrnahm.

In der Wahlkampfzeit konnte ich in kompakter Form erleben: Der deutsche Korporatismus, in dem so ziemlich jedes Interesse in Gruppen und Vereinen organisiert ist – es gibt ihn wirklich. Er feiert bei Wahlen fröhliche Urständ und blüht regelrecht zur Höchstform auf!

KAPITEL 16
Autogramm, bitte

Das war ja mal ungewöhnliche Post! Mal nicht ein weiterer Wahlprüfstein. Mal kein Fragebogen. Mal keine Informationen des XYZ-Verbandes zur Bundestagswahl 2009. Ich öffnete das Kuvert mit einem Absender aus einem kleinen Ort im Norden Deutschlands und fand einen offenkundig mit Schreibmaschine geschriebenen Brief:»Sehr geehrter Herr Brem, bitte übersenden Sie mir die beigefügte Autogrammkarte unterschrieben im ebenfalls beigefügten Freiumschlag zurück.« Die Karte, die im Kuvert steckte, war auf der Vorderseite bedruckt mit der Aufschrift»Autogrammsammlung von ...«, dann dem Vor- und Nachnamen des Autogrammsammlers.»Ich bedanke mich bereits im Voraus für Ihre Bemühungen! Hochachtungsvoll ...«

Der Absender war dienstleistungsorientiert, keine Frage, schließlich hatte er es mir logistisch einfach machen wollen. Aber warum wollte ein mir wildfremder Mensch ein Autogramm von mir?

»Ach, das haben wir häufig«, erklärte mir eine lang gediente, routinierte Landtagsabgeordnete, als ich sie bei einem Straßenfest ganz ungläubig dazu befragte, ob das mit den Autogrammwünschen während des Wahlkampfes »normal« sei.»Es gibt halt Leute, die sammeln Autogramme von Politikern«, ergänzte sie nüchtern.

Aber auch nach dieser Erklärung blieb mir die Vorstellung fremd, dass jemand die Adressen von unzähligen Kandidaten recherchiert, diese anschreibt – immerhin kostet das Porto,

Papier und Zeit – und dann irgendwo bei sich zu Hause deren Autogramme in seinem wie auch immer gearteten Archiv aufbewahrt. Ich sah mich schon in einem schier endlosen Karteikasten – allzu modern ausgerüstet schien mir der Schreibmaschinenschreiber nicht zu sein – unter »B« wie »Brem« einsortiert, am Ende gar, wenn es mit meiner Wahl in den Bundestag nichts würde, unter der Kategorie »gescheitert«.

Für einen Moment – ich gebe es zu – trieb mich sogar die Frage um, ob jemand, dem ich leichten Herzens ein Autogramm auf einer Postkarte schicken würde, damit nicht auch Schindluder treiben konnte, eines Tages vielleicht Schecks in meinem Namen unterschrieb oder irgendein idiotisches Schreiben an irgendjemanden mit einer Kopie meiner Originalunterschrift aufsetzte. Dann hätte ich mir vielleicht eines Tages anhören müssen: »Aber das ist doch *Ihre* Unterschrift, Herr Brem, oder?« Kleinlaut hörte ich mich schon antworten: »Ja, das ist meine Unterschrift. Aber ...« Zu mehr wäre ich wohl nicht mehr gekommen, dann hätte ich mir eine Moralpredigt anhören müssen, wie ungeschickt (deutlicher: wie blöd) man denn sein müsse, einem Fremden einfach so seine Unterschrift herauszugeben. Aber so weit ließ ich es gar nicht erst kommen, da es mir widerstrebte, überhaupt jemandem ein Autogramm zu geben. Das sollten lieber die A-, B- oder C-Promis machen, all die Schauspieler, Models oder »Adabeis«, wie wir sie in München gerne nennen. Im ersten Moment – das muss ich an dieser Stelle natürlich eingestehen – schmeichelte es meiner Eitelkeit schon, überhaupt nach einem Autogramm gefragt zu werden. Vielleicht hätte ich auch nicht widerstehen können, hätte mir jemand aufgrund meiner Berühmtheit in einer Menschenmenge eine solche Karte entgegengestreckt und um ein Autogramm gebeten. Aber von solcher Prominenz und von solchen Situationen war ich weit entfernt. Ich schrieb also dem Autogrammsammler aus dem Norden freundlich zurück: »Sehr geehrter Herr Mayer (nennen wir ihn jetzt einfach mal so), bitte haben Sie dafür Verständnis, dass ich aus grundsätzlichen Erwägungen keine Autogramme gebe. Ich halte das für mich persönlich für unangemessen. Gleichwohl bedanke ich mich sehr herzlich für Ihre Anfrage und wünsche Ihnen alles Gute und Gesundheit. Mit freundlichen Grüßen, Hermann Brem«

Dasselbe antwortete ich noch anderen Autogrammjägern, die der gleichen Sammelleidenschaft frönten.

Mit welch großen, teilweise sehr persönlichen Erwartungen einem manche Menschen als Kandidat, als Politiker begegnen, erfuhr ich wenige Tage nach der ersten Autogrammanfrage. Da erhielt ich von einer besorgten Mutter die Bewerbungsunterlagen ihres 30-jährigen (!) Sohnes, mit der Bitte um Unterstützung. Ich helfe wirklich gerne anderen Menschen. Als Personaler habe ich auch beruflich mit Bewerbungen zu tun, das ist nicht das Thema. Aber in diesem Fall war alles so konfus, dass ich gar nicht wusste, wo ich hätte ansetzen sollen. Ich verstand den Lebenslauf nicht und auch nicht, was der Sohn eigentlich machen, wofür er sich bewerben wollte. Also schickte ich der Mutter die Unterlagen mit einem freundlichen Schreiben und dem Bedauern, dass ich hier leider nicht weiterhelfen könne, wieder zurück.

Als Privatperson ist man daran gewöhnt, dass man Werbepost von Unternehmen erhält, die sich Adressen kaufen, um einen mit neuen Dienstleistungs- und Produktideen zu beglücken. Dagegen hilft manchmal – allerdings auch nur manchmal – der Aufkleber »Keine Werbung!«. Dass mir aber jemand ganz gezielt Bittbriefe schickt, weil er oder sie meine Adresse über das Wahlamt oder eine andere Quelle erfahren hat, das verwundert mich bis heute. Im Laufe des Wahlkampfes habe ich mir wirklich häufiger die Frage gestellt, was ich eigentlich gemacht hätte, wenn mir da irgendein Irrer vor der Haustüre aufgelauert hätte, nur weil ihm die politischen Inhalte der Grünen nicht gefallen. Das mag man als Hysterie abtun. Tatsache ist aber, dass man in den Internet-Archiven der Wahlämter ohne allzu großen Aufwand so ziemlich jede Adresse jedes Kandidierenden herausfinden kann. Dadurch macht man sich »verwundbar«, selbst dann, wenn man – wie die meisten, die kandidieren und so über Nacht »öffentlich« werden – am Ende gar kein Mandat erreicht. Da verstehe ich dann schon, wenn man im Laufe eines Politiker-Daseins ein besonderes Bedürfnis entwickelt, sich vor zu viel Öffentlichkeit zu schützen.

Einen besonders skurrilen und schon wieder erheiternden Fall von »Jagd auf Promis« erlebte ich auf dem bereits erwähnten *Streetlife Festival*, für das zweimal im Jahr an einem ganzen Wochenende die Leopold- und Ludwigstraße für den Verkehr gesperrt und zur Fußgängermeile umfunktioniert wird. Bei schönem Wetter durchwandern an die 250 000 Menschen – potenzielle Wähler! – die paar Kilometer von der Feldherrnhalle bis fast zur Münchner Freiheit im Herzen von Schwabing, dem Studentenviertel. Zwei Wochen vor der Bundestagswahl war es unverzichtbar für jede Partei, sich genau dort zu zeigen und für sich und ihr Programm zu werben. Entsprechend hatten auch alle Parteien prominente Wahlkampfhelfer eingeladen. Zu uns kam Jürgen Trittin für etwa eine Stunde an den Stand, der ehemalige Umweltminister und jetzige Vorsitzende der Bundestagsfraktion. Der ist mit seinen bald zwei Metern ohnehin schon unübersehbar, also drängten sich bald ganze Menschentrauben um ihn herum. Wir vier Münchner Bundestagskandidaten hatten mit ihm einen gemeinsamen Fototermin ausgemacht. Als wir endlich alle vollzählig waren und uns kurz aus dem Gedränge auf einen etwas ungestörteren Platz auf dem Grünstreifen zurückziehen wollten, drängte sich ein etwas schmächtiger Mann zu Trittin. Kurzer Schreckmoment! Was wollte der?

»Herr Trittin, Herr Trittin! Bitte ein Foto mit Ihnen!«

»Na, dann kommen Sie mal her!«, lud Trittin ihn ein.

»Sie auch! Kommen Sie auch mit drauf!«, forderte mich der Fotosüchtige auf.

»Nein, nein, das passt schon. Herr Trittin ist viel wichtiger«, lehnte ich schmunzelnd ab und drückte dafür den Auslöser seiner Kamera. Der Mann prüfte anschließend mit fachkundigem, kritischem Blick die Aufnahme auf seiner Digitalkamera, war zufrieden, bedankte sich und verwickelte mich gleich in ein Gespräch über seine Leidenschaft, mit Prominenten fotografiert zu werden. Das mache er schon seit 30 Jahren so. »Schauen Sie hier: mit Senta Berger, das war vor 25 Jahren. Hier mit Helmut Schmidt, das ist auch schon wieder 20 Jahre her. Und hier mit Bundespräsident Weizsäcker ... Die Aufnahmen hier sind vom letzten Jahr ...« Er blätterte in einem Heftchen mit vielen, vielen Fotoaufnahmen, die innerhalb der letzten drei Jahrzehnte entstanden waren. Mit einer Konstanten: auf jeder Seite, auf jedem Bild war dieser Mann, der vor mir stand, zu sehen, zusammen mit jeder Menge bekannter Persönlichkeiten aus dem Show-Business, aus Film, Politik oder Sport. Witzig war, wie der ambitionierte Fotosammler mit jeder Seite alterte, wie sich sein lockiges, langes Haar aus Twen-Zeiten zu jener Fast-Glatze des heute wohl Fünfzigjährigen lichtete. »Da sind Sie ja ganz schön herumgekommen«, würdigte ich ihn und seine Sammlung, musste mich aber dann zu meinem eigenen Fototermin mit Jürgen Trittin verabschieden. Er ließ kaum locker und drückte mir zum Abschied noch ein Exemplar seines offenbar selbst hergestellten, schon etwas ausgeblichenen Heftchens in die Hand. »Aber nur, wenn es Sie wirklich interessiert!«, rang er mir als Versprechen ab. »Ja, ich hebe das Heft auf, keine Sorge. Noch alles Gute für Sie ...« Zu welchem bekannten Politiker mochte er wohl jetzt eilen? ... Ich sprang gerade noch rechtzeitig vor die Kamera, um nun meinerseits auf einem Foto mit dem großen Fraktionsvorsitzenden verewigt zu werden. Aber trieb mich in diesem Moment nicht das gleiche Motiv an wie zuvor den kleinen Promijäger? Wollte ich einfacher Kandidat, ich kleines Lichtlein, nicht ebenfalls so ein bisschen was von der Strahlkraft des bekannten Bundespolitikers abhaben? Wollte ich nicht auch für einen kurzen Moment wichtiger erscheinen, als ich es eigentlich war? Da fängt wahrscheinlich an, was sich dann bei den sogenannten Hinterbänklern in den Parlamenten, also jener Mehrheit von Abgeordneten, die außer ihren Parteifreunden und außer den Menschen in ihrem Wahlkreis kaum jemand kennt, fortsetzt, die es ganz wichtig finden, dass sich auf ihrer Website und ihren Flyern genügend Fotos befinden, auf denen sie mit der Bundeskanzlerin oder mit ihrem Partei- und dem Fraktionsvorsitzenden oder eben mit anderen ganz wichtigen Persönlichkeiten abgelichtet sind. Das steigert die eigene Bedeutung. Zumindest erhofft man sich das.

So gesehen, habe ich kaum ein Recht, mich über jenen Mann mit seinem Heftchen und all seinen Promifotos lustig zu machen. Er betrieb wahrscheinlich nur etwas leidenschaftlicher und offener ein Hobby, das auch in der Politik betrieben wird ...

KAPITEL 17
Auf dem Präsentierteller

Es ist so ein bisschen wie bei der »Damenwahl«: In Wahlkampfzeiten wählen sich die Wählerinnen und Wähler die Politiker aus, die ihnen am besten gefallen und die sie demnächst – neu oder wieder – in die Parlamente schicken möchten. Anschließend können sie vier Jahre nur darauf hoffen, dass die Politikerinnen und Politiker, denen sie ihr Vertrauen geschenkt haben, auch das tun, was sie vorher versprochen haben und wofür man am Wahltag das »Kreuzerl« auf dem Wahlschein gesetzt hatte.

Der nächste Wahlkampf ist dann wieder Wählerzeit, das Spiel beginnt von vorne! An allen Straßenecken, auf allen Plätzen, bei allen möglichen Gelegenheiten, auf allen möglichen Foren und Podien präsentieren sich jetzt wieder ein paar Monate lang all jene, die auf dem Parkett des Vertrauens, das die Politik nun mal ist, nicht allein stehen gelassen werden wollen.

Das Ende der Sommerferien markierte den Auftakt der Podiumsdiskussionen für mich. Das war der Lackmustest, ob ich inzwischen bei politischen Diskussionen mit meinen Wettbewerbern aus den anderen Parteien mithalten konnte. So sah ich meiner ersten Podiumsdiskussion mit großen Erwartungen, aber auch gebührendem Bangen entgegen.

Eine glückliche Fügung wollte es, dass sich meine erste Podiumsdiskussion um das Thema »Erneuerbare Energien – Stromversorgung für Deutschland« drehen sollte. Geladen hatte das

»Aktionsbündnis Neue Energie für Deutschland«, das in jedem der vier Wahlkreise Münchens eine Diskussionsrunde mit den jeweiligen Direktkandidaten der verschiedenen Parteien veranstalten wollte. Als Vertreter der Grünen sah ich das als politisches »Heimspiel« an. Ganz so einfach und problemlos war es dann allerdings doch nicht, wie sich noch herausstellen sollte!

Schon während meiner Schulzeit hatte ich mich mit einer Facharbeit über die »Risiken der Kernenergie« bei meinem Physiklehrer dauerhaft verhasst gemacht. Doch die frühe Gegnerschaft zur Atomenergie war das eine. Etwas anderes war es, einem Publikum darzulegen, wie man sich nun den Umbau der Energie- und Stromversorgung im High-Tech-Land Deutschland konkret vorstellt. Da beruhigte es mich nur wenig, dass ich schon viele Reden vor Publikum gehalten hatte. Das war etwas anderes, da stand ich meistens alleine vor meinen Zuhörern und bestimmte den Inhalt meiner Rede selbst. Hier aber musste ich in einem politischen Ringkampf bestehen und die eigenen Anhänger und die noch Unentschlossenen überzeugen. Hier ging es um Stimmen für meine Partei und für mich.

Da es mein erster öffentlicher Auftritt in dieser Konstellation sein sollte, zu dem sich auch noch grüne Parteifreunde als Zuschauer angesagt hatten (zur Unterstützung, wie sie meinten), durfte und wollte ich mir auf gar keinen Fall auch nur die geringste Blöße geben, wollte gut vorbereitet in die heiße Wahlkampfphase starten. Ich las mir die Beschlusslage der Grünen durch, das Wahlprogramm, dazu alles, was die Bundestagsfraktion an aktuellen Infos zum Thema zu bieten hatte.

Mit dem SPD-Kandidaten Roland Fischer hatte ich mich in den letzten Wochen schon ein wenig angefreundet. Ein gemeinsamer Bekannter von uns hatte mir schon lange damit in den Ohren gelegen, ich solle doch mal seinen SPD-Parteifreund und meinen Mitbewerber im Wahlkreis kennenlernen. Er arrangierte dann ein Treffen in einem italienischen Restaurant und tatsächlich war unser Gespräch vom ersten Moment an sehr offen, ja fast freundschaftlich – jedenfalls soweit man das unter politischen Konkurrenten sein konnte. Wir duzten uns gleich, weil das bei SPD und Grünen unter Parteifreunden sowieso üblich ist. Wir waren beide Schatzmeister, ein Amt, das meistens von eher pragmatischen, ein wenig abgebrühten Menschen ausgeübt wird. Und wir waren beide ehrgeizig, was unsere politische Karriere anging. Er hatte mir sicher nicht unabsichtlich erzählt, wie nah seine SPD-Parteifreundin, die 2005 in unserem Wahlkreis angetreten war, an den CSU-Bundestagsabgeordneten herangekommen war. Der Unterschied war damals gerade mal dreieinhalb Prozentpunkte oder 5500 Stimmen. Für ihn ging es an diesem Abend wahrscheinlich noch viel mehr als für mich darum, herauszufinden, wie ernst er mich als Konkurrenten um die Erststimmen in unserem gemeinsamen Wahlkreis nehmen musste. Ich hatte zwar – im Gegensatz zu ihm als Kandidaten einer der beiden großen Volksparteien – keine wirkliche Chance, im Wahlkreis direkt (also mit der Mehrheit der Erststimmen) gewählt zu werden. Aber jede Erststimme für mich würde ihm fehlen. Ich hatte ihm klar zu verstehen gegeben, dass für mich ein gutes Wahlergebnis wichtig war und ich dafür mit vollem Einsatz kämpfen würde. Das kann ihm nicht gefallen haben. Nach dem launigen Abend hatten wir uns ausgiebig »beschnuppert«, Sympathie füreinander festgestellt, waren aber bei allen Übereinstimmungen doch im Bewusstsein auseinandergegangen, in diesem Wahlkampf Wettbewerber zu sein.

Den Kandidaten der Linken und insbesondere die beiden Bundestagskandidaten von FDP und CSU hingegen sollte ich an diesem Abend bei der Podiumsdiskussion zur Energiepolitik zum ersten Mal kennenlernen. Die Diskussion folgte einem durchaus üblichen Schema: Einführungsreferat ins Thema durch einen »Unbeteiligten« – hier in Gestalt eines Professors.

Dann jeweils ein kurzes Statement von jedem Kandidaten. Danach wurden Fragen von der Moderatorin und aus dem Publikum gestellt. Dabei ging's zwischen den widerstreitenden Meinungen mal heftiger, mal gesitteter zur Sache.

»Wie steht denn Ihre Partei zu den erneuerbaren Energien?«, fragte die Moderatorin uns alle zu Beginn. Bei diesem Eingangs-Statement war ich der Letzte, der dran kam. Just, als ich mit dem Satz begann »Da wir Grüne ja für die Einführung des Gesetzes zum Vorrang für erneuerbare Energien stehen ...«, unterbrach mich jäh Hans-Peter Uhl, der CSU-Abgeordnete: »Das haben nicht Sie eingeführt! Das hat schon Helmut Kohl ...« Das allgemein einsetzende Gelächter bei den Zuhörenden übertönte er kämpferisch: »Auch wenn Sie es nicht glauben wollen: Es war Helmut Kohl, der als Erster ein Umweltministerium einrichtete und die ersten Umweltprogramme angepackt hat!«

»Herr Uhl, das mag schon sein, dass Kohl der Erste war. Übrigens nicht freiwillig, sondern wegen Tschernobyl! Nur mit der Förderung erneuerbarer Energien hat das doch rein gar nichts zu tun!«, erwiderte ich ihm wütend. Ich fand es eine Flegelei, dass er mich einfach so unterbrochen hatte. Das gehörte sich in dieser Phase der Diskussion, wo sich jeder auf dem Podium erst noch vorstellen sollte, einfach nicht. Bei ihm gehörte das aber wohl zur Taktik, um seine Gegner erst mal aus dem Konzept zu bringen. Dieselbe Methode habe ich bei ihm auch später immer wieder erlebt.

Im weiteren Verlauf der Diskussion lavierte sich Daniel Volk, der junge FDP-Abgeordnete, der wieder in den Bundestag gewählt werden wollte und dank eines halbwegs sicheren Platzes auf der FDP-Liste dafür auch gute Aussichten hatte, um das Thema »Atomenergie« herum. Der Linke, der SPD-Kandidat und ich, wir waren ohnehin recht nah beieinander mit unseren Meinungen. Und die Sympathien der meisten der etwa hundert Leute im großen Saal des Hansa-Hauses, in dem diese Diskussion ihren eineinhalbstündigen Verlauf nahm, waren recht unverkennbar bei den Positionen der Grünen. Dank Herrn Uhls früher Attacke war ich schnell in meinem Element, denn bissig sein, das konnte ich auch, nicht nur er ...

Irgendwann, als die Moderatorin schon die letzte Frage aus dem Publikum aufrief und der CSU-Mann sich auf doch ziemlich verlorenem Post sah, griff er ohne Not das Publikum an: »Ich weiß schon, dass die Mehrheit von Ihnen mich nicht wählen wird. Aber das ist mir egal!« Da konnte ich mich ein weiteres Mal ihm gegenüber nicht zurückhalten und konterte: »Ach, Herr Uhl, ich hoffe, Sie haben noch viele solche Auftritte. Dann brauche ich mir über den Wahlausgang keine Sorgen mehr zu machen!« Das Publikum reagierte erheitert. Wenn Uhls Blicke hätten töten können, wäre ich wohl eher mit der Bahre aus dem Saal getragen worden ... Das Verhältnis zwischen Uhl und mir verbesserte sich fortan nie mehr. Das war ihm egal. Und mir auch.

Mein Einstand war gelungen, fand ich. Obwohl es mich mehr Mühe gekostet hatte und nicht ganz so ein »Spaziergang« gewesen war, wie ich das erwartet hatte. Ich fühlte mich jedenfalls ermutigt für die vielen Podiumsdiskussionen, die noch folgen sollten, bei denen ich die Grünen noch zu vertreten hatte. Ich sprach über Politik im Allgemeinen und über politische Themen im Besonderen, über Esperanto, Bildung, gegen Atomkraftwerke und für die »Erneuerbaren Energien« ... Ich diskutierte mit Jugendlichen, mit Lehrern, mit Abgeordneten, mit Künstlern und mit Menschen, die in all ihrem Engagement fast nur ihr spezielles Thema sehen wollten. Ich verteidigte mich gegen Politikverächter, versuchte Politikenttäuschte eines Besseren zu belehren, ermunterte Politikinteressierte ...

Aber immer, wenn ich mich auf die jeweilige Podiumsdiskussion vorbereitete, wurde mir trotzdem bewusst, wie neu ich doch bei den Grünen war! Im Gegensatz zu den Langgedienten

in meiner Partei, die schon über viele Jahre all die Programm-
debatten ihrer Partei miterlebt hatten und jederzeit die richtigen
Argumente aus dem Ärmel schütteln konnten, musste ich mir
vieles erst mal aus den Grünen-Programmen anlesen. Dem-
entsprechend war ich jedes Mal mordsmäßig aufgeregt, bevor
ich den Saal und die Bühne betrat, auf der es dann in den
politischen Ring gehen sollte.

Die härteste Nuss, die ich bei einer dieser öffentlichen Veranstaltungen zu knacken hatte, war ausgerechnet eine Diskussion zur Steuerpolitik, zu der der »Völklinger Kreis« und
die »Wirtschaftsweiber« eingeladen hatten, zwei Verbände
schwuler und lesbischer Führungskräfte, Kaufleute, Unternehmer. Man könnte natürlich annehmen, dass jeder, der mal
Betriebswirtschaft studiert hat, sich auch in der Finanzpolitik
oder im Steuerthema auskennt. Wenigstens so im Groben. Weit
gefehlt! Außer, dass ich mir wie alle Angestellten brav meine
Steuern vom Gehalt abziehen lasse und mich gelegentlich über
deren Höhe beklage, hatte ich mich bis dahin beruflich oder
politisch eher selten damit beschäftigt. Steuersenkung allerdings war das bestimmende Thema, mit dem die FDP in diesen
Wahlkampf gegangen war und das sie – fast exklusiv – pro-
pagierte. »Mehr Netto vom Brutto« war ihr Slogan. Die Gastgeber der Podiumsdiskussion erwarteten von einem Grünen
mit kaufmännischem Beruf natürlich, dass er sich auf dem Ge-
biet auskennt. Und manche, die aus persönlicher Überzeugung
durchaus den Grünen nahestanden, wollten nichtsdestoweni-
ger davon überzeugt werden, dass auch sie als Kaufleute mit
einem Kreuz bei den Grünen gut aufgehoben sein würden. Als
ich aber erfuhr, dass der FDP-Vertreter, der mit mir auf dem
Podium streiten würde, ausgebildeter Finanzwirt und Steuerberater ist und die beiden Moderatoren Wirtschaftsjournalisten,
die dafür bekannt sind, sich wirklich sehr sorgfältig vorzubereiten und ihre Diskutanten schon mal »auseinanderzuneh-

men«, war ich noch nervöser als ohnehin schon vor solchen Auftritten.

Für diesen Abend hatte ich mir jede Menge Unterlagen aus dem Internet heruntergeladen und mich intensiv ins Steuerthema eingelesen. Aber es war zum Verzweifeln! Da lagen sicher etwa 30 Seiten an Notizen und Ausdrucken vor mir. Aber immer, wenn ich dachte, ich hätte von der Entwicklung der Einkommenssteuer eine wenigstens grundlegende Ahnung, tat sich die nächste Wissenslücke bei der Unternehmenssteuer auf. Oder bei der Mehrwertsteuer. Oder bei der Gewerbesteuer. Steuerpolitik ist einfach unglaublich vielschichtig. Kein Wunder, dass ganze Kohorten von Steuerberatern davon eine einträgliche Existenz bestreiten können, wenn selbst Kaufleute da kaum mehr einen Überblick behalten. Das Wahlprogramm der Grünen – man muss es leider einräumen – war bei den Steuern auch nicht wirklich detailversessen. Jedenfalls nicht ergiebig genug, um gegen einen Steuerprofi anzukommen.

Mit meinem Stapel Papiere, die ich neben mich legte, saß ich also mit dem Vertreter der Linken, der SPD und eben jenem im Thema versierten FDP-Kandidaten auf der Bühne und sah in erwartungsvolle Gesichter, von denen ich auch noch viele persönlich kannte. Aber: Vergiss die Papiere! In denen kann man im Eifer des Gefechts sowieso nicht nachsehen, denn auf einem Podium muss es Schlag auf Schlag gehen. »Mut zur Lücke!« ist da eher die Devise. Wenn ich nicht direkt angesprochen wurde, zum Beispiel von einem der beiden Moderatoren, dann wartete ich erst mal ab, was die anderen auf dem Podium so antworteten. Da ergab sich manchmal ein gutes Stichwort, bei dem man einhaken, ein Argument, gegen das man trefflich gegenhalten konnte. Bei dieser Steuerdiskussion hatte es der SPD-Vertreter am schwersten. Er war kurz vor der Veranstaltung für einen Finanzfachmann seiner Partei eingesprungen, mühte sich redlich und hatte doch an vielen Stellen, an denen er ins Stammeln geriet, unübersehbare Wissenslücken. Also lagen hauptsächlich der FDP-Mann und ich im Clinch. Für die versammelten Manager war es eine Freude mitzuverfolgen, wie ich, das ehemalige FDP- und jetzige Grünen-Mitglied – obendrein selbst Manager – da oben auf der Bühne Steuererhöhungen vertrat, die meine Partei forderte. Eine gute Stunde lang lieferten der Kandidat von der FDP und ich uns einen – bei einem so trockenen Thema überraschend unterhaltsamen – Schlagabtausch, der zu etlichen Lachern im Saal führte. Wenn er sich in die Details der Steuerprogression vertiefte, konterte ich damit, dass doch die höchsten Spitzensteuersätze in der Anfangsära der Bundesrepublik bestanden, ohne dass es offenkundig dem deutschen Wirtschaftswunder geschadet hätte. Warum sollte es das also jetzt, wo die Finanzkrisen Mehreinnahmen des Staates sinnvoll, ja, zwingend machten. War er mit viel Sachverstand mitten in seinem Thema, blieb ich eher allgemein. Erwischte er mich kalt mit dem Hinweis darauf, dass doch Rot-Grün die Unternehmen steuerlich ungebührlich entlastet hätte, stichelte ich zurück, dass sich sein schleswig-holsteinischer Frontmann Kubicki gerade erst öffentlich – in einer Talkshow, dem Fernseh-Pendant einer Podiumsdiskussion – verplappert hatte und eine höhere Mehrwertsteuer forderte, was vom FDP-Generalsekretär Niebel damals postwendend wieder bestritten wurde. Versöhnlicher ging es bei den Fragen zu, die sich darum drehten, was alles in der Steuerpolitik noch auf der Agenda stand, um gleichgeschlechtliche Partnerschaften mit der Hetero-Ehe gleichzustellen. Da waren sich dann doch alle Streiter auf dem Podium wieder weitgehend einig. Nachdem wir auf der Bühne unser Pulver ziemlich verschossen hatten, fanden unsere beiden Moderatoren ein gnädiges Ende der Diskussion, bedankten sich bei uns und beim Publikum.

»Na ja, inhaltlich könntest du schon noch zulegen. Aber am überzeugendsten rübergekommen bist trotzdem du«, war der

Kommentar eines Bekannten, der mich anschließend ansprach. Ich war so froh, dass ich auch diese für mich herausfordernde Veranstaltung ohne größere Blamage überstanden hatte.

All diese politischen Bühnenauftritte waren für mich wie Crashkurse in grüner Programmatik, mit der ich mich von Thema zu Thema intensiver auseinandersetzte. Quasi »Learning on the Job«.

KAPITEL 18
Queens of Parliament

Als Wahlkämpfer und Politiker kam ich mir lange so vor wie der Charakter Daffyd Thomas in der durch und durch britischen Comedyserie »Little Britain«, der immer behauptete, er sei »the only gay in the village«. Umso überraschter war ich, als ich mein Belegexemplar der Zeitschrift *Männer* durchblätterte und mich auf zwei Seiten unter der Überschrift »Queens of Parliament« mit immerhin 16 weiteren, offen homosexuellen Bundestagskandidaten – übrigens keine Frauen dabei, alles Männer – mit Kurzprofil beschrieben wiederfand. Eine interessante Bilanz: sechsmal Grüne, viermal FDP, dreimal SPD, zweimal Linke und – da schau her! – einmal CDU. »Stefan Kaufmann, CDU, 40, bewirbt sich für seinen Wahlkreis Stuttgart-Süd um einen Sitz im Bundestag und beweist, dass man auch in der CDU offen schwul sein kann – zudem ist er beseelt von ›baden-württembergischen Tugenden‹. Hoffentlich passt das zusammen« las ich also in der Ausgabe der Zeitschrift *Männer* zur Bundestagswahl ebenso überrascht wie – ja, warum nicht? – erfreut. In seiner Stuttgarter CDU hatte er sich – Respekt! – gegen zwei Kontrahenten durchgesetzt. Und, siehe da, seit der für ihn erfolgreichen Bundestagswahl am 27. September 2009 grüßt er auf seiner Website als »Ihr direkt gewählter Bundestagsabgeordneter im Wahlkreis Stuttgart-Süd und Vorsitzender der CDU Stuttgart«. Erstaunlich nur, dass sich dort kein noch so kleiner Hinweis findet, dass dieser so »offene, mutige« CDU-Mann – wie das Magazin *Männer* schrieb – als »Homo-Kandidat 2009« ins Rennen um einen Sitz im 17. Deutschen Bundestag gegangen war. Da war es dann also schon nicht mehr so weit her mit dem »Offen-schwul-sein-Können in der CDU«. Zehn von den 17 in *Männer* beschriebenen »Homo-Kandidaten« vertreten jetzt als Bundestagsabgeordnete das deutsche Volk im Berliner Reichstagsgebäude. Und das sind nicht mal die Einzigen ...

Bei dieser Bundestagswahl warben also wieder mal viele Kandidaten um die Stimmen der – statistisch angeblich um die 5 Prozent – Lesben, Schwulen und Transgender. Dieses Werben wurde natürlich besonders beflügelt vom unumstrittenen Medienstar der einschlägigen Zeitschriften, und der hieß: Guido Westerwelle! Die Aussicht darauf, dass erstmals in der deutschen Geschichte ein offen homosexueller Außenminister – in jedem Fall doch wohl Bundesminister, Mitglied der nächsten Bundesregierung und sehr wahrscheinlich Vizekanzler – werden könnte, beflügelte die Fantasien und den Stimmenfang innerhalb der homosexuellen »Community«. »Einer von uns« könnte bald dieses Land in der Welt vertreten. Konnte man den gesellschaftlichen Wandel der Bundesrepublik zu einer der offensten, tolerantesten Demokratien des Westens, ja, der Welt besser verkörpern?

Eigentlich hätte ich mich ja darüber freuen müssen. Schließlich wusste ich schon seit meinen frühesten Tagen bei den Jungen Liberalen, dass der damalige JuLi-Chef, eben Guido, schwul war. Irgendwie wussten das alle, aber das waren eben andere Zeiten. Zeiten, in denen die Kneipen und Treffpunkte von Homosexuellen noch »geschlossene Gesellschaften« waren, Zeiten, in denen man noch nicht ganz selbstverständlich mit der besten Freundin oder dem Arbeitskollegen in eine Schwulenbar ausging, Zeiten, in denen man sich noch nicht traute, händchenhaltend – und gar bei Tageslicht – durch die Straßen zu ziehen, Zeiten, in denen die Marketingleute noch nicht die konsumfreudigen Schwulen als Trendsetter erfunden hatten. Da ich mit meinem eigenen Coming-out selbst jahrelang meine liebe Not hatte, konnte ich jemand anderem schwerlich vorwerfen, dass auch er über viele Jahre in der Öffentlichkeit eine »Klemm-Schwester« geblieben war. Zumal ich ja miterlebt hatte, wie sehr Guido in der FDP – freilich hinter vorgehaltener Hand, denn schließlich war man ja eine liberale Partei – dafür angefeindet worden war, dass er schwul ist. Gerade im konservativen FDP-Landesverband Nordrhein-Westfalen hatte er es damit schwer. Ich habe mich später öfter gefragt, ob er vielleicht ein ganz anderer Politiker geworden wäre, wenn er sich früher geoutet hätte oder wenn man Homosexualität in der Öffentlichkeit einfach auch in den Achtzigern oder Neunzigern toleranter begegnet wäre. Wenn man 20 Jahre lang ein Versteckspiel spielen muss, kann das doch die Seele nicht unbeeinflusst lassen! Die nicht ganz unberechtigte Frage, die man sich trotzdem stellen darf: Warum konnte Volker Beck von den Grünen, der nur ein Jahr älter ist und zwei Jahre vor Westerwelle in den Bundestag eingezogen war, das fast zeitgleich ganz anders vorleben? Auch wenn ich mir kein Urteil dazu anmaßen möchte, wer sich wann wozu zu bekennen hat, schon gar nicht, wenn es um so persönliche Lebensdinge geht. Andererseits, wie titelte Grünen-Chefin Claudia Roth in ihrem Buch zu Recht: »Das Politische ist privat«. Denn natürlich prägt einen Menschen, der sich politisch engagiert, sein privater Lebensweg. Das ist ja doch gerade die Ur-Idee der repräsentativen Demokratie, der Kern des Parlamentarismus, dass Menschen mit unterschiedlichen Lebenserfahrungen sich gemeinsam an die Gestaltung ihres Gemeinwesens machen. Deshalb ist es ja wichtig, dass Menschen, die einer Minderheit (manchmal sogar mehreren Minderheiten gleichzeitig) angehören, in den Parlamenten mitreden, denn sonst können sich deren Erfahrungen von Benachteiligung, Gewalt oder Diskriminierung kein Gehör verschaffen.

Und genau deshalb ärgerte mich dieser mediale Hype um Guido Westerwelle in der schwulen Presse so sehr: So, wie scheinbar so vieles in seinem politischen Leben vor allem auf den Widerhall in den Medien ausgerichtet war, jede seiner Provokationen wie die Forderung nach der Abschaffung der Gewerkschaften vor dem Kölner Parteitag 2005, seine Wahlkampfgags wie die »18%« auf der Schuhsohle, hatte er im Juli 2004 sein Coming-out in der BILD verkündet. Und, noch schlimmer: Als Parteichef hatte er doch mit dafür gesorgt, dass »seine« FDP 2001 nicht für das Partnerschaftsgesetz gestimmt hatte!

Man musste offenbar gerade den Homosexuellen doch in Erinnerung rufen, dass es nicht die FDP, sondern die Grünen waren, die der Gleichstellung in Deutschland die Türen geöffnet hatte! Ich wollte nicht einsehen, warum jemand, der sich nie wirklich für die Belange von Lesben und Schwulen eingesetzt hatte, jetzt plötzlich von den Homosexuellen zu deren Hoffnungsträger hochgejubelt wurde. Für mich profitierte Westerwelle, ohne je selbst dazu den geringsten Beitrag geleistet zu haben, von einer Arbeit, die Generationen von Menschen z. B. im Lesben- und Schwulenverband Deutschlands (LSVD) vollbracht hatten – gegen viele Ressentiments und über viele Jahre ohne Aussicht auf Erfolg. Bis eben 2001. In diesem Jahr wurde die Gleichstellung endlich amtlich: Liebende gleichen Geschlechts durften »heiraten«, wenigstens so ein bisschen und hauptsächlich mit gleichen Pflichten statt mit gleichen Rechten, aber immerhin mit amtlichem Segen. Trotzdem war das ein epochaler Durchbruch.

Zu den »Regenbogen-Aktivisten« durfte ich mich seit 1999, also auch schon zehn engagierte Jahre lang, ebenfalls zählen. Auch ich warb bei meinem Wahlkampf für die Grünen offensiv um die Stimmen der »Community« und fühlte uns und mich, im Gegensatz zu den »Trittbrettfahrern« von der FDP oder gar der Union, auf der moralisch besseren Seite. Auch die SPD hatte sich während der Großen Koalition in Sachen Gleichstellung nicht gerade weit aus dem Fenster gehängt, aber im Jahr 2009 klang es bei manchem SPD-Kandidaten so, als hätte sie 2001 ganz alleine das Partnerschaftsgesetz verabschiedet. Dabei sieht man doch, wie es um den Reformeifer der »Sozis« bestellt ist, wenn der Koalitionspartner eben CDU/CSU und nicht mehr Bündnis 90/Die Grünen heißt.

Leicht war es nicht, gegen diesen medialen Mainstream und das Buhlen der anderen Parteien um die Stimmen der »Community« anzukommen. Wenn unsereiner als lokaler Kandidat mit einer halben Seite gewürdigt wurde, fand Guido Westerwelle, der schwule Vizekanzler in spe, doppelseitig statt. In der Gunst der Wähler – auch das gehört zu den bitteren Erkenntnissen eines Wahlkämpfers – geht es selten um Gerechtigkeit und noch seltener um die Verdienste der Vergangenheit. Für mich steht jedenfalls außer Zweifel: Ein paar Prozente von ihren 14,6 %, die die FDP am 27. September 2009 erreicht hat, verdankt sie der geschickten Positionierung ihres schwulen Spitzenkandidaten bei den homosexuellen Wählerinnen und Wählern und deren Heilserwartungen an einen schwulen Politpromi.

Mein Stimmenerfolg am Wahlabend war allerdings sicher auch zum Teil meinem Werben um diese Zielgruppe in »unserem« Viertel rund um den Glockenbach zu verdanken. Das war wiederum ausgleichende Gerechtigkeit.

KAPITEL 19
Ohne Moos nix los:
Wahlkampf kostet Geld

Irgendwoher musste ich noch 328 Euro auftreiben. Mein Wahl-kampfkonto sei um eben jene 328 »überzogen«, hatte mir unsere Grünen-Geschäftsführerin Ende September 2009 mit-geteilt. Heureka! Hatte mir da nicht noch einer der Anwälte auf meiner Arbeit eine Spende versprochen? Das war die Lösung. Dem gegenüber war ich dann so frei, ihn erstens mit einem freundlichen Lächeln zu fragen, ob diese Zusage denn noch gelte, und zweitens ihm den seltsam unrunden Betrag für seine Spenden nahezulegen. »Mache ich!«, rief er, und ich konnte mit meinem Wahlkampfkontostand wieder auf »Null« abschließen.

Dass ein Wahlkampf etwas kostet, sollte eine Binsenwahrheit sein. Das ausgerechnet mir als Kaufmann das aber erst recht spät bewusst wurde, ist mir fast ein wenig peinlich. Dabei hatte ich sogar noch das Glück, dass mir um Weihnachten 2008 herum, also kurz nachdem ich im Münchner Westen als Direktkandidat aufgestellt worden war, zwei befreundete Unternehmer jeweils 1000 Euro gespendet hatten. »Wir können dieses Jahr noch was absetzen. Und dich wollen wir gerne unterstützen«, war die kurze Begründung. Klar, das freute mich sehr, aber wofür ich das Geld mal brauchen würde, hatte ich mir bis dahin noch nicht so recht überlegt. Von einer Finanzplanung für meinen Wahlkampf war bei mir vorerst überhaupt nicht zu reden.

Gleich vorab für all jene Leser, die jetzt kritisch die Stirn in Falten werfen und die Augenbrauen misstrauisch nach oben ziehen: Solche Spenden erhält der Kandidat natürlich nicht auf sein privates Konto, solche Spenden gehen auf das Konto der Partei, denn von dort erhält jeder Spender schließlich auch die Spendenquittung. Und das Geld wird dann auch nicht einfach an den Kandidaten ausbezahlt. Vielmehr wird es auf dem Parteikonto quasi »geparkt«, so lange, bis Zug um Zug, Beleg um Beleg, Rechnungen des Kandidaten aus dessen Wahlkampf bezahlt werden. Die Parteibuchhaltung führt sozusagen Buch über die Einnahmen und Ausgaben. Und dabei achtet natürlich jeder Kandidat sehr genau darauf, dass Spenden, die für ihn gedacht sind, auch seinem Wahlkampfbudget gutgeschrieben werden. Sie dürfen also unbesorgt sein und sich wieder entspannen. Ganz anders als ich, der ich im Lauf meines Wahlkampfes immer mehr überlegen musste, ob mir dieses oder jenes eine Ausgabe wert war, ob ich mir dieses oder jenes für meinen Wahlkampf überhaupt leisten konnte.

So allmählich wurde mir klar, dass so manches, was für einen professionellen Wahlkampfauftritt notwendig war, wesentlich mehr Geld als gedacht kosten würde: Für die Programmierung und das Design meiner Homepage hatte ich zwar sehr IT-kundige Freunde an der Hand, aber ganz für »lau« konnten die ihre Arbeit auch nicht machen. Und auch ein Freundschaftspreis ist mehr als null Euro. So kam also nach und nach eine Ausgabe zur anderen: für die Homepage, für die Plakatfotos, für kleine Visitenkarten mit Bild und Kurztext oder für Kondome im grünen »Wahlkampfdesign«, bedruckt mit dem Slogan »Erst die Arbeit, dann das Vergnügen ...«. Solche Wahlkampfutensilien konnte man über einen Online-Shop in der Parteizentrale der Bundes-Grünen bestellen. Besagte Kondome und Fächer mit dem Slogan »Gleiche Rechte statt heißer Luft« waren zwar ziemlich teuer, gingen aber auf dem Christopher Street Day und auf den Münchner Straßenfesten weg wie warme Semmeln. Während ich die Fächer, die Flyer und die Kondompäckchen vom grünen CSD-Wagen in der Parade herunter in die Menge warf, sah ich gleichzeitig den vielen Euros hinterher, die da quasi mit in die Menge flogen. Aber irgendwann hat man dann den Bogen raus, wie man die vielfältigen Ideen, die man im Wahlkampfteam so ausheckt, zu einer bezahlbaren Größenordnung »zusammendampft«. Dabei war natürlich hilfreich, dass im Büro der Münchner Grünen wahlkampferprobte Mitarbeiter mithalfen, realistische Mengenangaben für die heiße Wahlkampfphase, also ab den Straßenfesten im Sommer, festzulegen. Ausgehen sollte schließlich auch nichts.

Wichtig waren vor allem ausreichend Luftballons! Das war mit Abstand das wichtigste – übrigens auch das günstigste – Wahlkampf-Accessoire, das man vorrätig haben musste. Eine Button-Maschine und ein Handkicker für ein großes Straßenfest konnte man sich auch schon für um die 100 Euro beschaffen. Und um die Aufmerksamkeit der Wähler auf den Grünen-Infostand zu lenken und symbolhaft für unsere Politik zu werben, reichte oft auch schon eine selbst gebastelte Wurfbude, bei der man mit ein paar Bällen auf Dosen in Form von Atomfässern werfen konnte.

Für dreistellige Eurobeträge konnte man in den Stadtteilzeitungen – mit ihren ziemlich hohen Auflagen – mit kleinen Anzeigen für einzelne Veranstaltungen werben. Mehr war allerdings mit den paar Euros, die ich zur Verfügung hatte, nicht drin.

Aber auch dieses Geld muss man, so oder so, erst mal haben. Die Zauberformel zur Lösung des Geldproblems heißt: Spenden sammeln! Wenn man aber für eine der kleineren Parteien – sprich: ohne Aussicht darauf, einen Wahlkreis direkt zu gewinnen – zum ersten Mal für den Bundestag kandidiert, und dann noch auf einem recht aussichtslosen Platz, ist das Spendensammeln ein mühseliges Unterfangen. Ermutigt hatte mich natürlich die erwähnte Spende von zweimal 1000 Euro ganz zu Beginn meines Wahlkampfes, das ließ sich auch gut auf meiner Kandidaten-Homepage »vermarkten«. Dort hatte ich gleich eine eigene Spendenseite eingerichtet, auf der ich warb: »Auch grüne Politik gibt's nicht zum Nulltarif. Ich freue mich, wenn Sie durch Ihre Spende dazu beitragen, dass ich die vielen Ideen für meinen Wahlkampf auch umsetzen kann. Sie können spenden auf folgendes Konto ...«, und dann nannte ich das Grünen-Konto und wies noch auf die steuerliche Abzugsfähigkeit hin. Unter »Herzlichen Dank!« veröffentlichte ich jeweils den aktuellen Stand der eingegangenen Spenden. Denn getreu dem Motto »Nichts ist sexier als der Erfolg« spenden Menschen natürlich lieber, wenn sie sehen, dass auch andere in diesen Kandidaten »investiert« haben.

Schon im Mai 2009, kurz bevor meine Homepage online ging, hatte ich schon per Post an die 100 Briefe verschickt. »Obacht! Da kommen ein ›Bettelbrief‹ und eine Einladung ...«, warb ich bei einer ganzen Reihe von Bekannten und Freunden, die ich mir vorher fein säuberlich auf einer Liste notiert hatte. Niemand, der für meinen Wahlkampf eventuell hätte spenden können, sollte übersehen werden! Am Anfang war es mir allerdings schon peinlich, Menschen, die ich eigentlich nur privat kannte, plötzlich für einen politischen Zweck um Geld »anzuhauen«. Vor allem wusste ich bei manchen nicht, ob sie mit meinen Grünen überhaupt etwas »am Hut hatten« oder ihr politisches Herz nicht eher für eine andere Partei schlug.

Diese Skrupel musste ich allerdings über Bord werfen, wenn ich genug Geld für einen pfiffigen Wahlkampf zusammenbekommen und nicht alles aus eigener Tasche bezahlen wollte – was ich mir im Übrigen gar nicht hätte leisten können. Um die Peinlichkeit etwas abzumildern, lud ich alle, die ich wegen einer Spende anschrieb, zu einem einmaligen Filmabend ein. Der Brief war aufwendig mit einem Foto gestaltet, am Text hatte ich eine kleine Ewigkeit gefeilt. Er sollte politisch sein, mich als engagierten Menschen präsentieren, der freundlich um eine Spende bat und diese auch »verdient« hatte, ohne allerdings zu dick aufzutragen. Der Bettelbrief war ein Erfolg! Etliche Empfänger, die meiner Einladung zu dem Film »Zwischen gestern und heute« – einem Anti-Nazi-Film aus dem Jahr 1947 mit einer blutjungen Hildegard Knef – nicht folgen konnten, waren trotzdem angetan. Und spendeten! Manche 50 Euro. Andere ein paar 100 Euro. Ein eingefleischter FDP-Wähler rief mich sogar an und sagte mir 1000 Euro zu, »obwohl ich, wie du ja weißt, mit deinen Grünen nix anfangen kann. Aber weil du's bist ...« Selbst ein passives CSU-Mitglied (wie ich vermutete), von Beruf angesehener Anwalt, gesellte sich unter meine Spender. Darüber war ich ebenso erstaunt wie erfreut, denn den hatte ich gar nicht gewagt, wegen einer Spende anzusprechen. Er hatte sich von selbst angeboten. Ganz gentlemanlike hatte er mich eines Tages in wohlgesetzten Worten – ausgerechnet in der bierseligen Atmosphäre eines Münchner Oktoberfest-Zeltes – darauf angesprochen, dass er vernommen habe, man könne mich in meinem Bemühen noch finanziell unterstützen. Und wenn das so sei, möge ich es ihn doch bitte wissen lassen ... Ich ließ ihn gerne wissen. Und erhielt prompt 500 Euro – ein stattlicher Betrag. Am Ende kamen 5817 Euro an Spenden zusammen. Das ist nicht viel. Und es ist doch wieder viel für einen Grünen und dazu ein recht unbeschriebenes Blatt in der Parteipolitik.

Zusammen mit den 1000 Euro, die mir die Münchner Grünen aus dem Wahlkampftopf zur Verfügung stellten, verfügte ich also über die »stattliche« Summe von 6817 Euro für meinen Wahlkampf.

»Was kostet der Wahlkampf?«, hatte der *Münchner Merkur,* eine Münchner Tageszeitung, uns Kandidaten im Münchner Westen gefragt. Andersherum könnte man etwas provokant fragen: Was kostet eine Wählerstimme im Wahlkampf? Wenn die Angaben stimmen, die die Kandidaten damals gemacht haben, dann hatten meine Mitbewerber von der CSU und der SPD nicht nur vier- bis sechsmal so viel Wahlkampfetat zur Verfügung. Dann mussten sie, wenn ich das richtig ausgerechnet habe, für jede Stimme, die sie für sich überzeugen konnten, auch mehr ausgeben. Während ich mit 21 Cent je Wählerin und Wähler auskam, haben die Kandidaten von SPD und CSU um die 60 Cent für jede Stimme ausgeben müssen. Das zeigt halt doch mal wieder, dass Geld alleine noch nicht Erfolg bedeutet, jedenfalls nicht unbedingt im Wahlkampf in einem Wahlkreis. Da lässt sich mit persönlichem Einsatz und dem Einsatz der Partei vor Ort eine Menge aufwiegen.

Eine genaue wirtschaftliche Bilanz meines Wahlkampfs habe ich zwar nie gesehen, aber wenn man überlegt, was die Grünen nach dem Parteienfinanzierungsgesetz an Kostenersatz bekommen haben müssen, war mein Wahlkampf zumindest kein Zuschussgeschäft. Für jede der 33 340 Zweitstimmen, die wir in meinem Wahlkreis erreicht haben, erhielten die Grünen aus den Mitteln der Parteienfinanzierung des Bundes je Stimme im Schnitt 83 Cent, macht also 27 672 Euro. Dazu kommen zusätzlich noch je 30 Cent für jeden Euro, der einer Partei beziehungsweise einem Kandidaten gespendet wurde. Bei den von mir eingesammelten 5817 Spenden-Euro macht das also zusätzlich 2210 Euro. Das wären also schon mal an Einnahmen knapp 29 882 Euro.

Und die Ausgaben? Wenn ich alles zusammenrechne, dann haben der Grünen-Stadtverband und ich persönlich für meinen Wahlkampf insgesamt etwa 20 000 Euro ausgegeben. So müsste also – rein rechnerisch – mein Wahlkampfeinsatz am Ende für jeden Euro, der ausgegeben wurde, nicht ganz 50 Cent »Gewinn« gebracht haben. Klar, so rechnet man natürlich nicht in der Politik. Immerhin geht es hier ums Ideelle. Tatsache bleibt aber, dass gerade die »Zähl«-Kandidaten, die sich für einen Wahlkampf zur Verfügung stellen und fürs gemeinsame Endergebnis ins Zeug legen, die vielleicht noch zusätzlich Spenden einsammeln, zu guter Letzt einen großen Beitrag leisten, dank dessen sich die eigene Partei einen professionellen Wahlkampf überhaupt erst leisten kann.

KAPITEL 20
Das soll ein Grüner sein? – Erfahrungen mit der Presse

Wissen Sie, wie »grün« Sie sind? Als Kandidat der Grünen für den Bundestag wollte ich mir natürlich genau darüber sicher sein und beantwortete die 12 Fragen des »Grün-o-Mat«, den die Bundespartei zunächst nur für die Europawahl 2009 geschaffen hatte, der sich aber immer noch großer Beliebtheit erfreut. Ursprünglich war dieser Online-Fragebogen dazu gedacht, ihn an die Wählerinnen und Wähler zu verschicken und ihnen so zu zeigen, dass sie doch – bei möglichst großer Übereinstimmung ihrer Antworten mit den politischen Forderungen der Grünen, die hinter den Fragen steckten – eigentlich Grüne waren und folgerichtig auch grün wählen sollten. Aber der »Grün-o-Mat« kursierte vor allem unter den Grünen, sozusagen zur politischen Selbstauskunft. Es war eine Spielerei, die einem die eigene grüne Gesinnung noch mal bestätigte. »Wie grün bist du denn?«, das war eine beliebte Frage, kaum drehte der »Grün-o-Mat« seine Runden durch die Partei von Kiel bis München. *Findest du, dass Deutschland mehr auf erneuerbare Energien setzen soll?* oder *Eine Stärkung der Rechte von Frauen* und die Forderung: *Gleiche Löhne für gleiche Arbeit finde ich richtig* waren die Fragen, die es unter anderem zu beantworten galt. Andere Themen waren die Integration von Migrantinnen und Migranten, die Abschaffung von Diskriminierung, Maßnahmen gegen Rechtsextremismus, die Einführung eines Mindestlohns, die Abschaffung von Studiengebühren, die Haltung zur Vorratsdatenspeicherung oder Massentierhaltung und Verbraucherschutz. Mal war die richtige, also die grüne Antwort, »Ja«, mal war sie »Nein«. »Glückwunsch, Sie haben zu 100 % richtige Antworten erzielt.« Unter dieser freudigen Nachricht – bevor ich angefangen hatte, all die Fragen zu beantworten, war ich mir über diesen Ausgang nicht so sicher gewesen – standen noch mal alle Fragen aufgelistet und daneben »Deine Antwort« und »Unsere Antwort«, sodass man nachvollziehen konnte, wo man eventuell anderer Meinung als die Grünen war. Ich konnte also getrost in den Wahlkampf ziehen, an meiner grünen Einstellung gab es – vom »Grün-o-Mat« bestätigt – keinen Zweifel!

Das war eine beruhigende Voraussetzung für mein erstes Interview während des Wahlkampfes Mitte August mit einer Münchner Tageszeitung. Es war nicht das allererste Interview in meinem Leben, denn als Vorsitzender eines Sportvereins hatte ich gelegentlich schon mal mit Journalisten zu tun gehabt. Da hatte ich mir schon angewöhnt, darauf aufzupassen, was ich denen ins Aufnahmegerät spreche. Als mich zum Beispiel 2002 ein Sportredakteur der *Süddeutschen Zeitung* zu einem Vorfall in der Bundesliga befragt hatte, hatte ich seine Fragen noch recht unbekümmert beantwortet, weil ich annahm, dass dieses Interview sowieso auf den Sportseiten untergehen und von kaum jemandem, den ich kannte, beachtet werden würde. Denkst du! Im »Interview der Woche« wurde ich zu meiner Verblüffung zu »Beppo Brem – Experte für Schwule im Fußball«. Dabei hatte ich während einer guten Viertelstunde doch bloß gesagt, wie lächerlich ich die Aufregung fand, als damals ein aus der Türkei stammender Bundesliga-Fußballer angeblich einen Mitspieler auf dem Spielfeld auf den Mund geküsst hatte. Das Foto dieser innigen, ja intim anmutenden Szene, noch dazu im Überschwang eines Torschusses und aus weiter Entfernung aufgenommen, brachte dem Profifußballer in der Türkei heftige Vorwürfe und Drohungen ein. Und die deutsche Sportpresse hatte wieder mal eines ihrer Lieblingsthemen: »Schwule im Profifußball«. Darüber, wer den Sportteil liest, hatte ich mich nicht minder geirrt: Von wem ich nicht alles angesprochen wurde, im Freundeskreis und sogar auf der Arbeit, wo ich es am allerwenigsten erwartet hatte!

Das anstehende Interview aber, für das sich ein Redakteur des *Münchner Merkur*, einer eher konservativen Zeitung, mit mir verabredet hatte, konnte Auswirkungen darauf haben, ob meine Grünen und ich uns im Wahlkampf besser oder schlechter »verkauften«. Auf gar keinen Fall wollte ich mir eine Blöße geben und auch nur eine einzige Stimme durch eine unüberlegte Äußerung verlieren. Als wir den Termin verabredet hatten, hatte ich das alles trotzdem eher locker gesehen und hatte mich auch gar nicht besonders auf mögliche Fragen vorbereitet. Ich hatte ihn gebeten, dass wir uns in meiner Mittagspause treffen, anders bekam ich das mit meiner Arbeit sonst nicht geregelt. Der *Merkur* wollte über jeden der Bundestagskandidaten der vier größeren Parteien (CSU, SPD, FDP und GRÜNE) im Münchner Westen ein ausführlicheres persönliches Porträt schreiben. Der Kandidat der LINKEN kam dann, wie die anderen im Wahlkreis kandidierenden Parteivertreter, lediglich in einer Spalte unter der Überschrift »Wer noch kandidiert« vor.

Der Journalist war sichtlich erstaunt, als ich ihm gegenübertrat. »Sie schauen gar nicht aus wie einer von den Grünen! Eher wie einer von der CSU oder der FDP.«

»Und wie sehen Grüne Ihrer Meinung nach aus?«, fragte ich ihn keck zurück. »Ich fürchte, Sie müssen sich da von einigen Klischees verabschieden.«

Hoffentlich war das jetzt nicht zu frech! Dass ein Kandidat von den Grünen mit Anzug und Krawatte daherkam, schien jedenfalls nicht in sein Weltbild zu passen.

Wir unterhielten uns eine knappe Stunde über meinen politischen Werdegang, wobei er mich besonders zu meinem

Wechsel von der FDP zu den Grünen »löcherte«. Er befragte mich über meine politischen Ziele für den Münchner Westen. Was ich ändern würde, wenn ich in den Bundestag käme. Er notierte sich für meinen Geschmack erstaunlich wenig. Hatte er so ein gutes Gedächtnis? Oder war er desinteressiert und schrieb am Ende sowieso, was ihm passte? »Komisch, Sie sind gar kein richtiger Parteisoldat, habe ich den Eindruck«, sagte er.

Wollte er mich damit aus der Reserve locken oder provozieren?

»Wissen Sie, wenn ich 100 % des Parteiprogramms meiner Partei gut fände, würde ich wohl keine Politik mehr machen. Dann wäre ja alles in bester Ordnung, und es gäbe gar nichts mehr zu diskutieren und zu verändern«, antwortete ich ihm.

»Na ja, Ihr Konkurrent von der FDP, den hatte ich gestern im Interview, der ist zu 100 % auf Parteilinie«, machte er einen letzten Anlauf zum Thema »Parteiloyalität«.

»Das kann ich nicht beurteilen. Das muss der wissen.«

Da wir an dieser Stelle nicht so recht weiterkamen, überraschte er mich zum Schluss mit einer Frage, die ich bei einem Wahlkampfporträt nicht erwartet hatte: »Haben Sie einen privaten Traum?« Da ich mich ohnehin gerade ziemlich urlaubsreif fühlte, fiel mir die Antwort nicht sonderlich schwer: »Ja, habe ich: Ich würde zu gerne mal vier oder fünf Wochen am Stück in Urlaub fahren. Nach Fernost zum Beispiel. Aber das geht nicht – die Arbeit, die Ehrenämter ... Stattdessen fahre ich dann eben mal eine Woche nach Venedig. Das muss dann genügen.«

»Ach, Sie mögen auch Venedig?«

Statt uns weiter über Politik und Wahlkampf zu unterhalten, plauderten nun also zwei Venedig-Liebhaber über Restaurants, Inseln und wo man fern des Markusplatzes den günstigsten »Sprizz« bekam (an der Piazza Santa Margherita!). Irgendwann mussten wir uns allerdings dann doch verabschieden. »Das Foto machen wir separat. Da meldet sich unser Fotograf bei

Ihnen. Wo sollen wir das denn machen? Sie können sich einen Platz aussuchen.« Mir war ohne großes Nachdenken klar, wo ich diese Aufnahme machen lassen wollte.

Zwei Wochen später hatte ich mich mit dem Fotografen des *Merkur* verabredet, 17 Uhr, mitten auf dem Gärtnerplatz. Der Tag war sonnenklar, herrlich warm, ich war bester Stimmung und kam frisch vom Friseur – extra fürs Foto. Wenn ich schon nicht wusste, was der Redakteur alles schreiben würde, wollte ich wenigstens ein gut gelungenes Foto. Also hatte ich mich auf den steinernen Sockel zu Füßen der Säule inmitten des Rondells vor dem Gärtnerplatztheater gesetzt. Genau dort, wo man im Hintergrund die kunstvolle Fassade des kleinen Opernhauses erkennen konnte. Dieses Rondell ist bepflanzt mit Blumenrabatten, die in allen Farben blühen – eine wunderbare Fotokulisse für einen Grünen, fand ich. Auf dem Rasen und den Bänken des Rondells machen es sich vor allem junge Leute bequem. Klick, klick, klick – ein paar Aufnahmen, dann war, wie der Fotograf es in seinem Berufsjargon nannte, »alles im Kasten«. Das Shooting dauerte keine fünf Minuten: »Passt!«, meinte der Fotograf und war nach einer kurzen Verabschiedung auch schon wieder unterwegs zum nächsten Termin.

Es dauerte fast vier Wochen, bis kurz vor dem Wahltermin, bis der Artikel dann endlich im *Merkur* erschien. Die Bilder zu den einzelnen Kandidatenvorstellungen zeigten den CSU-Mann ganz seriös mit blauem Jackett, hellblauem Hemd mit Manschettenknöpfen und Krawatte vor der malerischen Kulisse der Blutenburg. Der SPD-Bewerber hatte sich dagegen mit rot gestreiftem Hemd und leger über die Schulter geworfenem Sakko vor der über ihm thronenden Bavaria ablichten lassen. Mein FDP-Konkurrent blinzelte etwas verkniffen vor dem kurfürstlichen Schloss Nymphenburg in die Kamera. Da war ich mit meinem Bild vor der Kulisse des Theaters am Gärtnerplatz inmitten eines wahrhaft »grünen« Fleckchens sehr glücklich. Das Foto ließ das Münchner Lebensgefühl – draußen im Freien, im »Grünen«, und doch mittendrin im prallen Stadtleben – bildhaft erahnen. Auch mit der Überschrift »Ein Grüner auf Wahl-Fang – Hermann Brem ist vom Fach, wenn es ums Geld geht« war ich gut bedient. Besser jedenfalls als Daniel Volk von der FDP, der als »Liberaler Mister Mustermann« tituliert wurde. Nein, ein »Mister Mustermann«, das wollte ich weder sein noch wollte ich als solcher bezeichnet werden. Gut getroffen war auch der SPD-Kandidat mit der Headline »Gewerkschafter in den Startlöchern«. Im Gegensatz dazu las sich Hans-Peter Uhls (CSU) Überschrift »Hardliner in der Endrunde« schon ein bisschen wie ein Abgesang, auch wenn das »Hardliner« manchen konservativen Wählern gerade recht sein mochte. Eigentlich fand ich uns alle vier mit den Fotos und den Titeln ganz passend beschrieben. Insgesamt war ich mit dem Artikel über mich sehr zufrieden. Die Fakten stimmten, nichts war »verdreht«, wie das sonst schon mal in Artikeln der Fall ist. Und dass der Redakteur vor allem das aus seiner Sicht unerwartet Bürgerliche an mir betonte, war mir im Grunde sehr recht. Denn ich wollte ja in meinem durchaus bürgerlichen Wahlkreis gerade nicht als »Bürgerschreck« gelten. Im Gegenteil: Ich wollte ja auch bürgerliche Stimmen für die Grünen gewinnen! Für die wenigen Notizen, die ich beim Interview auf dem Block registriert hatte, war der Inhalt des Artikels jedenfalls sehr gehaltvoll. Ich hatte nichts daran auszusetzen.

Diese und weitere Erfahrungen mit der Tagespresse während des Wahlkampfes waren gut, aber noch viel mehr schätzte ich die sogenannten »Käseblätter«. »Käseblätter«, so nennen viele Politiker, die ich kenne, die von Werbung dominierten Stadtteilzeitungen, die Woche für Woche von Schülern oder Studenten kostenlos in die Briefkästen, meistens aber in die Hausflure geworfen werden. Was ich an denen so mag? Erstens: Der redaktionelle Teil dieser »Hallo«, »Wochenblatt« oder »Anzeiger« genannten Postillen erhebt keinen hohen Anspruch und macht auch nur ein paar Seiten aus. Gerade das aber bedeutet, dass die einzelnen Artikel umso mehr auffallen. Außerdem sind die kleinen Redaktionen immer dankbar für Beiträge, die ihnen unaufgefordert zugesandt werden. Voraussetzung ist lediglich der Stadtteilbezug, ein interessantes Thema und dass er halbwegs ordentlich formuliert ist. Zweitens: Die Reichweite ist enorm. So gut wie jeder Haushalt wird beliefert! Und drittens: Die Leute mögen diese Gratiszeitungen, die sie mit Neuigkeiten aus ihrem Stadtviertel, ja, auch mit den neuesten Sonderangeboten beim Bäcker, Metzger und Supermarkt um die Ecke versorgen. Das ist an den meisten Menschen viel näher dran als all die Themen in der »großen« überregionalen Tages- oder Wochenpresse, die zu lesen so viel Zeit braucht. Aber das neue Glockenspiel in der Pfarreikirche, der verschönerte Kindergarten in der Nachbarschaft, der Abschied von der langjährigen Seniorenheimleiterin, die Beschlüsse der letzten Bürgerversammlung – das interessiert die Leute vor Ort in ihrem Viertel! Während meines Wahlkampfes nutzten wir die Gelegenheit intensiv: Erfreulicherweise kamen wir mit jedem Artikel in einer dieser auflagenstarken Stadtteilzeitungen unter, manchmal sogar auf der Titelseite. Ob es mit der Bundestagsabgeordneten und finanzpolitischen Sprecherin der Grünen-Bundestagsfraktion Christine Scheel um die Finanzpolitik im Bund ging. Oder mit dem Grünen-Bürgermeister Hep Monatzeder darum, was vom Konjunkturpaket der Bundesregierung in der Kommune ankam. Oder ob Flüchtlinge der von der Chinesischen Regierung verfolgten uigurischen (muslimischen) Minderheit in München aufgenommen werden sollten: die Berichte über unsere Veranstaltungen zu diesen Themen wurden ausnahmslos und fast ungekürzt in eben jenen sogenannten »Käseblättern« veröffentlich. Seither sind mir diese Publikationen lieb und teuer.

In meinem Wahlkreis, der vom *Münchner Merkur* in dem oben erwähnten Porträt als »Wahlkreis der Extreme« bezeichnet wurde, weil er dicht bebaute, großstädtische Wohnviertel im Stadtzentrum ebenso umfasse wie Gartenstädte und sogar Bauernland am Stadtrand, hatte ich während der Wahlkampfzeit jedenfalls als Grüner viel Glück und Erfolg mit der Presseberichterstattung. Die Presse war uns und mir gegenüber immer fair und qualitätsvoll. Aber vielleicht war ich als einfacher Kandidat auch zu unbekannt, zu unbedeutend, zu frisch im Geschäft, als dass ich jene Kehrseite der Presse – eine negative, verdrehte Berichterstattung – erlebt hätte, wie sie so oft von den Spitzenpolitikern aller Parteien beklagt wird.

KAPITEL 21
Die grünen Daumen

In der zweiten Septemberhälfte ging es in den Endspurt des Bundestagswahlkampfes. Und in der Woche vor dem Wahltermin veranstalteten alle Parteien ihre sogenannten »Wahlkampfhöhepunkte«, also die Abschlusskundgebungen auf den zentralen Plätzen vor allem der Großstädte. Jetzt galt es noch mal alle Kräfte – nicht zuletzt den eigenen Körper und die eigenen Nerven – zu mobilisieren. Viele Wähler, gerade die vielen noch unentschlossenen, entscheiden sich erst kurz vor dem Wahltermin, wem sie ihre Stimme geben.

Die Abschlussveranstaltung der Münchner Grünen fand an einem Donnerstag auf dem Marienplatz, dem zentralsten Platz der Stadt, statt. Neben der Mariensäule, in der Mitte des Platzes, hatten wir zusätzlich zur zentralen Bühne vier Infostände aufgebaut. Niemand sollte ohne Informationsmaterial, ohne Wahlwerbung für die Grünen in seine endgültige Wahlentscheidung entlassen werden. Seit Wochen waren im ganzen Stadtgebiet Renate Künast und Claudia Roth als Hauptrednerinnen und grüne Bundesprominenz angekündigt. Ab 11 Uhr sorgten »Die Cubaboarischen« – sieben bayerische Musiker mit Gitarren, Posaunen, Akkordeon und Trommeln, die sich selbst als »jodelnder Buena Vista Social Club« bezeichnen und eine unterhaltsame Mischung aus bayerischer Volksmusik mit kubanischen Rhythmen machen – für Stimmung unter den Schaulustigen. Diese Band passte wie keine zweite zu einer Veranstaltung der Grünen in der bayerischen Hauptstadt, schließlich verkörpert sie musikalisches Heimatgefühl ebenso wie Weltoffenheit und den Mut zum Mix der Kulturen. Jedenfalls blieben die Leute, die es hier üblicherweise eilig haben oder zu Tausenden den Platz passieren oder in Menschentrauben aus aller Herren Länder aufs Glockenspiel im Rathausturm starren, stehen und begannen sich für das, was da auf der Bühne noch geschehen mochte, zu interessieren. »Wer is'n heut' dran?«, fragte der Mann in seiner Tracht neben mir. »Ach, de Greanan«, wiederholte er auf bayerisch, nachdem ich es ihm erklärt hatte.

Öffentliche Redezeiten werden auf diesem Platz vor dem neogotischen Rathaus vom Takt des Glockenspiels bestimmt. Das beginnt nämlich um 12 Uhr und endet fünf Minuten später. Bis dahin mussten sich Claudia, Renate und wir alle uns unter strahlend blauem Himmel gedulden. Erst dann durften wir auf die Bühne, um in der Menschenmenge vor laufenden Kameras um Stimmen zu fischen. Für mich war ein Auftritt auf einer großen Bühne, mitten auf dem zentralsten Platz der Stadt, etwas Aufregendes. Zuerst aber gehörten die Bühne und die Redezeit unserer Partei- und Fraktionschefin. Claudia Roths bekannter Gassenhauer, den ich sicher schon ein halbes Dutzend Mal gehört hatte – »der liebe Gott möge für die Bayerische Staatsregierung Hirn vom Himmel regnen lassen« – verfing immer noch beim Publikum und sorgte für Lacher und Applaus. Renates »Berliner Schnauze« redete sich anschließend so heiß, dass ihre Rede wie ein Fallbeil über der amtierenden schwarz-roten Bundesregierung und einer möglicherweise künftigen schwarz-gelben Koalition, die es aus grüner Sicht zu verhindern galt, niedersauste. Wenn man den beiden wortgewaltigen, kämpferischen Frontfrauen der Grünen hier zuhörte, konnte man bald gar nicht mehr verstehen, dass irgendjemand auf dem Marienplatz am Ende *nicht* die Grünen wählen konnte. Wir Münchner Direktkandidaten waren nur ein kleiner Teil des geplanten Programms. Je näher der Wahltermin rückte, desto mehr bemerkte man als einzelner Kandidat, wie sehr man selbst in den Hintergrund des Wahlkampfgeschehens und um wie viel stärker die Partei in den Vordergrund trat. Während der Reden von Claudia Roth und Renate Künast saßen wir, gebannt und mitgerissen zuhörend wie alle anderen, in der ersten Reihe vor der Bühne. Um uns unserer selbst zu vergewissern und uns die Anspannung für den noch folgenden Bühnenauftritt zu nehmen, winkten wir mal hierhin und dorthin zu Gesichtern, die wir kannten. Es freute einen natürlich, dass Parteifreunde, die es sich um die Mittagszeit einrichten konnten, zur Unterstützung der eigenen Leute zum Wahlkampfhöhepunkt kamen. Das Wiedererkennen bekannter Gesichter in einer so unüberschaubaren Menge von Unbekannten ist wie ein Schluck aus der Baldrian-Pulle.

Am Vortag hatte mich unser Landespressesprecher noch beruhigen müssen: »Ein bisschen Wiesn-Flair schadet nichts.« Denn mich hatte dieser kurze Auftritt auf der Wahlkampfbühne vor ein organisatorisches Problem gestellt: Am Nachmittag desselben Tages sollte es nämlich von der Arbeit aus direkt aufs Oktoberfest gehen. Das war eine Pflichtveranstaltung. Und ebenso Pflicht war das passende Wiesn-Outfit. Zwischen Wahlkampfauftritt und Oktoberfest blieb mir allerdings keine Zeit mehr zum Umziehen. Es passte mir gar nicht, aber ich musste in Lederhose, kariertem Hemd und mit leichtem Janker auf die Bühne. Immerhin dachte ich noch an das gut sichtbare, sattgrüne Halstuch als wahlkampftaugliches Accessoire. In einer Gemeinde auf dem Land wäre diese Tracht auch für grüne Wahlkämpfer sicher ganz normal gewesen, aber bei uns Großstadt-Grünen? Aber wo Platz ist für die bunte Claudia Roth, da ist auch Platz für einen Wahlkämpfer in Lederhose ...

Alle diese Aufregungen waren aber genauso überflüssig wie mein Lampenfieber. Nach den Auftritten unserer grünen

Politstars rief Theresa Schopper, die Landesvorsitzende der bayerischen Grünen, in die Menge hinein unsere Namen und uns vier Direktkandidaten auf die Bühne. Judith Greif, Ulrike Goldstein, Jerzy Montag und ich, wir hatten uns, ganz nach den Regieanweisungen, rechtzeitig am seitlichen Bühnenaufgang postiert. Um den Bühnenaufgang herum wuselten weiträumig noch etliche Landtagsabgeordnete und andere wichtige Leute aus der Partei, die sich alle noch mal gegenseitig Erfolg wünschten. Es gehörte zum guten Ton, dass alle, die nur irgend Zeit hatten, sich zu diesem letzten großen Wahlkampfakt einfanden. Es war wichtig, den Wählern zu beweisen, dass wir viele waren und dass wir stark waren.

Auf der Bühne durften wir vier Direktkandidaten aus München allerdings nichts sagen, nicht mal etwas Kurzes. Wir wurden von unserer Landesvorsitzenden vorgestellt, und die übernahm es auch gleich, an unserer Stelle in die Menge hinein dazu aufzurufen, uns zu wählen. Unsere Rolle war es lediglich, siegessicher zu lächeln und unsere grün gefärbten Daumen nach oben zu halten, eine »lustige« Idee unseres Wahlkampfmanagements. Das Motto zu diesem »Fotomotiv« war kurzfristig noch von »Wir haben ihn« (nämlich »den grünen Daumen«) in das kampagnengerechtere »Grün säen – Zukunft ernten« geändert worden. Den tieferen Sinn dieser Symbolik haben wahrscheinlich nur wenige verstanden. Wir standen da so ein bisschen wie Boxkämpfer, die mit großem Getöse und Brimborium und mit hochgestreckten Armen angepriesen werden. Nur eben in einer »Light«-Version.

Seit ich diesen sogenannten »Wahlkampfhöhepunkt« als Akteur miterlebt (und nicht nur im Fernsehen gesehen) habe, frage ich mich immer wieder, ob sich eigentlich der Aufwand, der dafür betrieben wird – mordsteure Bühne aufbauen, Bühnenprogramm engagieren, Politprominenz ankarren, die ganze Zeit, die alle Beteiligten darauf verwenden – wirklich lohnt. Hat uns das am Ende eine einzige Stimme mehr gebracht? Auch wenn wir als Münchner Direktkandidaten nicht unbedingt die Hauptpersonen auf der Bühne gewesen waren, so gehört diese Veranstaltung doch so selbstverständlich zum Ritual von Wahlkämpfen wie das Plakatieren und die Luftballons. Und was den Nutzen angeht, ist es wahrscheinlich wie mit dem Geld, das im Besonderen und Allgemeinen für Werbung ausgegeben wird: Man weiß, ein Teil davon ist überflüssig, nur weiß man eben nicht, welcher. Ganz darauf zu verzichten, wäre deshalb unklug. So werden auch bei künftigen Wahlkämpfen prominente Parteipolitiker auf großen Bühnen an zentralen Plätzen als »Wahlkampfhöhepunkte« bezeichnete Abschlussveranstaltungen abhalten, um in einem letzten Anlauf die Gunst der noch unentschlossenen Wähler für sich zu gewinnen.

KAPITEL 22
Sie wollen ja gar nicht gewählt werden! – Die Zweitstimmenkampagne

Nach den vielen Wochen der Harmonie und des miteinander Kämpfens bei den Grünen traf mich das Thema wie ein Blitz! Und das so kurz vor dem Zieleinlauf. Vielleicht hätte ich vorgewarnt sein müssen, denn Roland Fischer, mein SPD-Mitbewerber, hatte bei unserem letzten Gespräch schon so etwas angedeutet: wie nah er doch in (natürlich geheimen, internen) Umfragen auf seinen CSU-Konkurrenten herangekommen sei. Hatte er mich nicht auch gefragt, wie wichtig mir denn mein Erststimmenergebnis sei? »Wichtig«, hatte ich ihm geantwortet. Und: »Ich will natürlich ein supergutes Ergebnis erreichen.« Und kurz danach kam eine Mail aus unserer bayerischen Wahlkampfzentrale – Betreff: Zweitstimmenkampagne –, die mich umhaute. In München gäbe es »hinsichtlich der Bedeutung der Zweitstimmenwerbung wohl unterschiedliche Einschätzungen«, las ich da.

Was nun an Argumenten folgte, war – rein intellektuell – alles nachvollziehbar. Aber die Quintessenz dieser als »strategisch« bezeichneten Botschaft sollte schlichtweg sein, dass wir vier Direktkandidaten ab sofort zugunsten der SPD-Mitbewerber darauf verzichten sollten, intensiv Werbung für Erststimmen, also für uns persönlich, zu machen. Aber, so fragte ich mich (und nicht nur ich), wieso hatten wir dann überhaupt eigene Kandidaten in den Wahlkreisen aufgestellt?

Auch seitens der anderen Münchner Direktkandidaten entwickelte sich in den nächsten Tagen eine wortreiche E-Mail-Kor-
respondenz mit der Wahlkampfzentrale darüber, warum es sehr
wohl sinnvoll sei, auch einen persönlichen Wahlkampf – und
damit ein Werben um Erststimmen – zu führen. So kurz vor
dem Wahltermin war es einfach ärgerlich – so empfand ich das
jedenfalls – einem mitzuteilen, dass man besser nicht so viel
Wahlkampf betrieben hätte. Gut, im Münchner Norden lieferten sich der CSU- und der SPD-Kandidat wirklich ein Kopf-an-
Kopf-Rennen, das war bekannt. Und Axel Berg war der einzige
direkt gewählte Bundestagsabgeordnete der SPD in Bayern. Für
die bayerische SPD war es eine Prestigefrage, diesen Wahlkreis
wiederzugewinnen. Das bekam vor allem unsere Kandidatin
in diesem Wahlkreis, Judith Greif, zu spüren. Für sie, hieß es
von allen Seiten, bringe der Wettbewerb um Erststimmen doch
gar nichts. Am Ende wäre jede Stimme, die die Wähler ihr als
Kandidatin der Grünen gaben, für den Kandidaten der SPD
verloren. Stattdessen würden die Stimmen für Judith, so die
Argumentation weiter, den CSU-Kandidaten stärken, und das
könne doch letztlich nicht im Sinne der Grünen sein. Dass aber
das Abschneiden des SPD-Kandidaten doch erst mal seine ur-
eigene Aufgabe sein musste, schien bei der ganzen Diskussion
keine große Rolle zu spielen.

In den anderen Wahlkreisen Münchens war ein Sieg der
SPD-Kandidaten erst mal reine Spekulation. Meinerseits hatte
ich zwischen elf Uhr nachts und Mitternacht mit dem SPD-
Mann im Münchner Westen darüber debattiert, wie es um seine
Chancen zum Gewinn des Direktmandates stand.

In der nun folgenden Diskussion per E-Mail verteidigten wir
Kandidaten – mit, wie wir meinten, gescheiten und jedenfalls
sehr dezidierten Argumenten – gegenüber der Wahlkampfzentrale unsere Auffassung, warum wir uns einem Rückzug aus
der Eigenwerbung verweigerten. Für mich hieß das ganz klar:

Wozu hatte ich mich zum Beispiel im Glockenbachviertel so stark als Person engagiert? Wozu hatte ich so viel Aufwand und Geld in mein Plakat oder persönliche Flyer gesteckt? Wieso hatte ich stundenlang Straßenwahlkampf gemacht? Und jede freie Minuten für die Partei geopfert? Jetzt sollte also nur noch die Zweitstimme für die Grünen von Bedeutung sein? Die These, dass es für das Zweitstimmenergebnis keine Bedeutung habe, wie viele Erststimmen die einzelnen Kandidaten sammelten, teilte ich ganz und gar nicht. Vielmehr war ich der festen Überzeugung, dass einige Menschen in meinem Wahlkreis nur deshalb die Grünen wählen würden, weil ich dort Wahlkampf gemacht hatte.

Nach einer Woche wirklich ausgiebiger Debatten, in die inzwischen immer mehr Parteifreunde involviert waren und die viel Energie gekostet hatten, war die Entscheidung in dieser Auseinandersetzung gefallen. Wer von uns Kandidierenden wollte schon am Misserfolg der bayerischen Grünen Schuld tragen? Ich jedenfalls nicht. Und während ich mich noch zu Beginn klar geäußert hatte – »kein Kompromiss mit mir!« –, gab ich, wie alle Kandidaten, am Ende der Argumentation der Parteiführung nach.

Am Samstagmorgen vor dem Tag der Wahl, auf dem Weg zu einem der letzten Infostände, blätterte ich eine Tageszeitung durch und stieß auf eine Anzeige der Grünen, die explizit dazu aufforderte, für die Direktkandidaten der SPD zu stimmen. Nach der Entscheidung hatte ich damit natürlich rechnen müssen. Wo ich das aber jetzt so schwarz auf weiß und rot auf grün in der Zeitung lesen musste, dass man mit der Erststimme besser den SPD-Kandidaten wählen sollte und – wie ich das empfand – »nur« mit der Zweitstimme die Grünen, ärgerte ich mich noch mal gehörig. Aber: zu spät, da gab es jetzt kein Zurück mehr!

Später am Tag schrieb ich meinem Wahlkampfteam eine ausführliche E-Mail zu den Hintergründen dieser Anzeige und erklärte ihnen, dass ich mich entschlossen hätte »(...) *trotz etlicher »Bauchschmerzen« und sehr grundlegender Bedenken, für München noch mal dezidiert auf Zweitstimmenwerbung zu gehen, zumindest für meinen Wahlkreis (...) auch eine Erststimmenempfehlung für den SPD-Kandidaten zu billigen, wenn WählerInnen taktisch wählen wollen (...)«*

Ich fand, dass ich meinem Team diese Erklärung schuldig war. Kaum war allerdings diese E-Mail bei ihren Empfängern angekommen, prasselte es enttäuschte und verständnislose Kommentare, die die eigentlich beendete Diskussion wieder aufleben ließ: »Was gibt uns/dir die SPD dafür?« Aber auch tröstliche Antworten wie: »Ich hätte dich gewählt, trotz der Erkenntnis, dass du es gegen Herrn Uhl (CSU) nicht schaffen kannst und Roland Fischer (SPD) damit auch keine Chance hat.« Und die: »Servus Beppo, sehr gute Stellungnahme. Augenmaß und keine Kleingeisterei ...«

Ach, ich war so enttäuscht! Bereits Freitagmittag, am Tag, bevor die Anzeige erschien, hatte mich ein Journalist, der von der ganzen Zweitstimmendebatte Wind bekommen hatte, angerufen und gefragt: »Sie wollen jetzt, dass Ihr Mitbewerber von der SPD gewählt wird? Wer macht denn von den Grünen dann noch einen engagierten Wahlkampf?« Meine Antwort entsprang eher der Pflicht und der Loyalität meiner Partei gegenüber: »Alle Grünen-Kandidatinnen und -Kandidaten machen einen sehr engagierten Wahlkampf. In meinem Wahlkreis freue ich mich über jede Stimme für Grün und wer dort taktisch abstimmt, sollte seine Stimme lieber dem SPD-Mann Roland Fischer als Hans-Peter Uhl von der CSU geben.« So wurde es dann auch zitiert.

Unser Landesvorsitzender schrieb mir noch ermunternd: »Wenn es wirklich gelingen sollte, Uhl so aus dem Bundestag zu kegeln, ist dir ein Platz in den grünen Geschichtsbüchern gewiss :-)« Ich antwortete, erschöpft nach all den Disputen, nur noch:»Monsieur Uhl wäre viel Zeit für Kegelpartien wirklich zu gönnen.«

Anzeige hin, Anzeige her: Der alte Bundestagsabgeordnete von der CSU war nach dem 27. September 2009 auch der neue CSU-Bundestagsabgeordnete im Wahlkreis München West/Mitte. Der SPD-Kandidat blieb folglich, was er bis dahin war: Kandidat. Es fehlten ihm 16 000 Stimmen, um den CSU-Abgeordneten zu überrunden, das war ein großer Abstand. Da hätte ich, damit er es überhaupt hätte schaffen können, gar keinen Wahlkampf machen dürfen. Das Problem der SPD waren damals vielmehr die 10 000 Stimmen, die der Kandidat der LINKEN erreicht hatte.

Wenn ich mir heute die Wahlergebnisse von 2009 ansehe, ärgere ich mich noch immer darüber, dass ich mich, bei aller Sympathie für die SPD und bei aller Antipathie gegenüber der CSU, jemals auf eine solche Wahlwerbung für die Kandidaten einer anderen Partei eingelassen habe. Ich würde es ziemlich sicher nicht noch einmal machen. Und seit die Grünen sogar einen Ministerpräsidenten stellen und mit höheren Umfragewerten an Selbstbewusstsein gewonnen haben, verliefe so eine Diskussion wahrscheinlich inzwischen anders.

KAPITEL 23
Drei Tage wach!

Wenige Tage vor dem Wahltermin erhielt ich über meine Wahlkampf-Homepage die E-Mail einer Tierschützerin. Sie schrieb mir: »Sehr geehrter Herr Brem, der Termin zur Bundestagswahl rückt immer näher. Da ich mir noch nicht schlüssig bin, wen/was ich wählen soll, habe ich einige Fragen an Sie bzw. an Ihre Partei. Wie stehen Sie bzw. Ihre Partei zu folgenden Themen: Subventionen an Tierschutz knüpfen? Verbot der betäubungslosen Kastration? ...« Es folgten noch weitere Fragen an mich – und wahrscheinlich auch an andere Bundestagskandidaten, schließlich war sie ja noch unentschlossen – zur Kennzeichnungspflicht für verarbeitete Eier, zum Verbot der Käfighaltung von Kaninchen, zum Platz für Masthühner, zum Verbot von Tierversuchen an Menschenaffen und allgemein zur Reform des Tierschutzgesetzes. »Es wäre sehr freundlich, wenn Sie mir hierzu Auskunft geben könnten, um mir meine Entscheidung für Sonntag, den 27. 09. 09, zu erleichtern.«

Solche Fragen potenzieller Wählerinnen und Wähler erreichten mich, so wenige Tage vor dem entscheidenden Wahlsonntag, jetzt oft. Das bestätigte nur, worauf die Bundesgeschäftsstelle, unsere Wahlkampfzentrale, uns Kandidierende bereits seit Wochen einstimmte: Ein immer größer werdender Teil der Wählerschaft entschied sich immer später für eine Partei oder einen Kandidaten.

»Der Wahlkampf gewinnt an Tempo und nähert sich rasend schnell der heißen Phase. Bald ist es wieder so weit und wir sind

drei Tage wach!«, schrieb Steffi Lemke, die Bundesgeschäftsführerin und sozusagen die grüne »Chefeinpeitscherin«, eine
Woche vor dem Wahltermin den Kandidierenden und der Parteibasis für die letzten Wahlkampftage ins Stammbuch. Nach
fast einem Jahr Wahlkampf in Sälen, auf Bühnen und auf der
Straße mussten noch mal alle in der Partei, alle Kandidierenden,
alle grünen Wahlkämpferinnen und Wahlkämpfer die Zähne
zusammenbeißen und ihre verbliebene Energie auf den letzten
Metern des Bundestagswahlkampfes einbringen.

»Wen wählen?«, das war die Frage, die sich noch viele Wählerinnen und Wähler stellten. »Wen wählen?«, das war auch
ein parteiübergreifendes Online-Portal (von wem, weiß ich bis
heute nicht), das zentrale politische Aussagen der Kandidaten
in jedem Wahlkreis einander gegenüberstellte. Ein Mitarbeiter
der Grünen-Wahlkampfzentrale hatte mich, so wie alle anderen
grünen Kandidierenden zum Bundestag, eine Woche vor dem
Wahltermin eindringlich per Mail gebeten, mich an dem Fragebogen zu beteiligen. Es sollte vermieden werden, dass wir
grünen Kandidaten dort nicht vorkamen. Gerade jetzt würden
die Wählerinnen und Wähler die Kandidierenden der jeweiligen
Parteien miteinander vergleichen und ihre Entscheidung treffen. Also setzte ich mich wieder mal nachts an meinen Com-
puter und loggte mich in »Wen wählen?« ein. Ein Wahnsinn,
was man da alles ausfüllen sollte! Dieser Online-Fragebogen
erinnerte mich an die Multiple-Choice-Prüfungen an der Universität. »Mein politisches Motto« sollte ich angeben. Ein Motto
hatte ich gar keines, aber ich schrieb: »Neuer Schwung für den
Münchner Westen!« Zwei Stunden lang beantwortete ich fast
50 Fragen aus einem ganzen Potpourri politischer Themen,
vom Mindestlohn über Steuersenkungen, vom Adoptions-
recht für gleichgeschlechtliche Paare bis zur Abschaffung der
GEZ – blieb noch irgendein Politikfeld unerwähnt? Sicher nicht!
Spannend war noch die abschließende Frage »Warum Sie mich

wählen sollten«. Meine Antwort dazu: »Weil Sie meine oben beschriebenen Ansichten gut finden oder teilen. Und weil Sie es gut finden, wenn jemand aus der Mitte des Lebens, mit Berufs- und Lebenserfahrung, Politik aktiv mitgestaltet.« Das wollte ich schon noch mal betonen, dass ich kein »typischer Politiker« war und schon gar kein Berufspolitiker, sondern jemand, der einen »normalen« Beruf ausübte – und der sich trotzdem politisch engagierte.

Als ich alle Fragen beantwortet und die Themen, die mir besonders wichtig waren, mit Sternchen versehen hatte – die höchste Sternchenwertung vergab ich für »Bürgerrechte und Freiheit« sowie »Offenheit und Toleranz« –, druckte ich mir alles aus. Das waren 13 Seiten! Am Ende spuckte das »Wen wählen?«-System eine »Übereinstimmung von Hermann Brem (GRÜNE) mit den Kandidaten der einzelnen Parteien aus.« Huch! Danach stimmte ich zu 70 % mit den Thesen der Grünen überein, gefolgt von 69 % mit denen der SPD. Am wenigsten mit denen der CDU/CSU (nur 35 %) und der FDP (44 %). Was meine persönlichen Wertevorstellungen betraf, und das erschreckte mich dann doch ein wenig, stimmte ich zu 82 % mit denen von CDU/CSU überein und zu 71 % mit denen der Grünen. War ich also einer jener wertkonservativen Grünen? Solch ein Ergebnis zeigte, wie nah beieinander doch viele Parteien liegen. Jedenfalls würde den Wählern, da war ich mir sicher, als ich das las, ihre Entscheidung nicht unbedingt leichterfallen.

Die Grünen sind bekannt dafür, dass sie sich in den Wahlkämpfen immer wieder etwas Neues einfallen lassen. Während des Europawahlkampfes im Frühjahr 2009 war schon mal – als eine Art Testlauf für die Bundestagswahl – die Kampagne »3 Tage wach!« ausprobiert worden. In sehr vielen Kreisverbänden hatten sich Grüne drei Tage lang rund um die Uhr ans Telefon und an den PC gesetzt, um Fragen potenzieller Wähler zu beantworten, die E-Mail-Anfragen zu einer Vielzahl von Themen geschickt oder in den Grünen-Büros vor Ort angerufen hatten. Der Erfolg dieser Form der Wählermobilisierung sollte bei der Bundestagswahl wiederholt werden, »aber diesmal wird alles noch eine Nummer größer – mehr Andrang, mehr Leute, mehr Programm und noch mehr Spaß sind garantiert!«, so die Bundesgeschäftsführerin der Grünen.

Nun, das mit dem »garantierten Spaß« sah ich etwas anders. Ich persönlich hatte während dieser letzten Tage eigentlich nur noch ein Ziel: »Eine Nacht durchschlafen. Endlich!« Aber das war nur Wunschdenken. Es half nichts, drei Tage und drei Nächte mussten bis dahin noch durchgestanden werden ...

3, 2, 1 ... Donnerstag, Freitag, Samstag ... der Countdown hatte begonnen!

Am Donnerstagnachmittag war ich, gleich nach der Abschlussveranstaltung auf dem Marienplatz, zum Oktoberfest geeilt, wohin meine Kanzlei alle Mitarbeiter eingeladen hatte. Da ging ich dann so für eine Stunde hin, verabschiedete mich aber, weil ich noch eine Einladung des Hotel- und Gaststättenverbandes in einem anderen Festzelt wahrnehmen wollte. Dort versuchte ich – inzwischen durch und durch Wahlkämpfer – gute Stimmung für die Grünen zu verbreiten. Was nicht einfach war, denn die Verbandsmitglieder neigen aus wirtschaftspolitischen Interessen eher zu Union und FDP. Viele waren überrascht, wenn ich auf die Frage »Und von wem kommen Sie?« mit einem gelächelten »Von den Grünen« antwortete. Die Reaktionen waren nicht im Mindesten unfreundlich, nur eben überrascht. Da der Verband Vertreter aller Parteien eingeladen hatte, traf ich dort auch etliche sichtlich erschöpfte und wahlkampfmüde Kollegen anderer Parteien. Beim Bier blieb ich zurückhaltend, schließlich musste ich abends zu Hause noch Wähleranfragen beantworten wie die von der Tierschützerin. Das dauerte bis Mitternacht, und bis ich einigermaßen abschalten und einschlafen konnte, dauerte es sicher noch mal eine gute Stunde.

Am Freitag klingelte mein Wecker schon um 6 Uhr. Der Tag würde wieder lang werden, und im Büro musste ich auch einiges erledigt bekommen. Die bezahlte Arbeit, der Broterwerb ging für mich – Wahlkampf hin, Wahlkampf her – natürlich vor. Am Nachmittag eilte ich mit fast unhöflicher Verspätung zum Geburtstagsempfang des Leiters des Münchner Sportamtes und bekam gerade noch die Lobrede der Mitarbeiter auf ihren Chef und etwas vom Nachtisch ab.

Nach gerade mal einer Stunde, die Runde der Geburtstagsgäste hatte sich ohnehin schon gelichtet, blickte ich erschrocken auf meine Uhr: Ich musste schon wieder zum nächsten Termin, zu einem Infostand am Roecklplatz, einem zentral gelegenen Platz in meinem Wahlkreis. Von dort ging es nach zwei Stunden zum letzten Termin des Abends, zum alljährlichen Hausfest der Münchner AIDS-Hilfe. Das war zwar, genau genommen, kein Termin, bei dem konkret um Stimmen geworben wurde, aber ich traf natürlich viele Bekannte und Freunde, die wissen wollten, wie's denn jetzt im Endspurt so laufe und wie »mein Gefühl«, also meine Prognose, fürs Wahlergebnis sei. Also fand ich mich auch hier wieder unvermittelt im Wahlkampf wieder.

Der Samstag vor dem Wahltag hatte es noch mal in sich. Um 7 Uhr hieß es wieder: »Raus aus den Federn!« und »Gut frühstücken!«, denn nach Hause würde ich an diesem Tag wohl erst wieder gegen Mitternacht kommen. Zum Munterwerden trank ich eine Kanne kräftigen, schwarzen Tee und aß dazu ein Bircher Müsli, zwei Bananen und ein Marmeladenbrot. Das musste erst mal genügen. Heute standen drei Infostände, verstreut in meinem Wahlkreis, und am Abend eine Podiumsdiskussion – die letzte in diesem Wahlkampf! – mit Jugendlichen auf dem Programm.

Für 9 Uhr morgens hatte ich mich mit Kollegen aus dem Pasinger Ortsverband vor dem Pasinger Viktualienmarkt verabredet. Dieser beliebte Obst- und Gemüsemarkt im Münchner Westen, nur einen Steinwurf vom Pasinger Bahnhof entfernt, ist eine kleinere Ausgabe seines »großen Bruders« in der Innenstadt und ein gutes Pflaster für unsere grüne Wahlwerbung: wer hier einkauft, ernährt sich gerne regional und biologisch, am liebsten direkt vom Bauern.

»Ich kann allerdings nur bis elf«, hatte ich meinen Wahlhelfern gleich zu Beginn unseres letzten Wahlkampfeinsatzes mitgeteilt, »ich muss dann weiter nach Allach.« Die zwei Stunden, die wir uns vorgenommen hatten, um noch ein letztes Mal mit den Wählern ins Gespräch zu kommen, um noch mal Wahlprogramme an die Erwachsenen und Luftballons an die Kinder zu verteilen, vergingen wie im Flug. Die Menschen waren ansprechbar und interessiert, aber die Gespräche blieben kurz. Der Wahltag war zwar allen gegenwärtig, aber es war eben auch Samstag, und so konzentrierte sich das Interesse der meisten Passanten aufs Einkaufen fürs Wochenende. Kurz bevor ich zum nächsten Infostand weiterziehen musste, traf ich wieder mal einen Bekannten, den ich schon 30 Jahre nicht mehr gesehen hatte und der urplötzlich mit seiner Frau vor mir stand: »Hey, du bist jetzt bei den Grünen? Ich hab schon deine Plakate hier stehen sehen!« Er kannte mich noch als Mitglied der FDP und freute sich sehr, mich nun aus voller Überzeugung wählen zu können. Wenn ich mal Zeit hätte, solle ich einfach auf einen Kaffee in seiner Anwaltskanzlei um die Ecke vorbeischauen. Ja, die Welt ist klein ... Er wünschte mir Glück für den Wahlkampf, wir verabschiedeten uns, ich sagte noch meinen grünen Wahlkampfmitstreitern »Tschüss«, um zum Bus zu hetzen, der mich zum nächsten Infostand bringen sollte und in wenigen Minuten losfahren würde.

Für diesen kompakten Tagesverlauf hatte ich mir auf einen kleinen Notizzettel sehr genau aufgeschrieben, mit welchen öffentlichen Verkehrsmitteln – ein Auto besaß ich nicht – ich mit möglichst wenig Fahrzeit von Station zu Station gelangen konnte. Nächster Stopp war Allach, mit dem Bus dorthin war es eine kleine Weltreise. Ich war eine Dreiviertelstunde unterwegs, starrte etwas müde und teilnahmslos aus dem Fenster und zählte die Wahlplakate, die ich am Straßenrand erblickte. Die CSU schien auch hier draußen, nahe am Stadtrand, fast an jedem Baum plakatiert zu haben. Zwischendurch standen die blau-gelben Plakate der FDP, die roten von der SPD, ganz selten mal eines von der LINKEN und ab und an – zu meiner besonderen Freude – gut sichtbar auch knallgrüne Plakate, auf denen mir mein Konterfei zulächelte. Von der Bushaltestelle waren es dann noch mal zehn Minuten bis zum Treffpunkt vor einem Sportgeschäft, sodass ich ziemlich abgehetzt und um eine halbe Stunden verspätet zu den Allacher Grünen stieß. Dieser Stadtteil mit seinen vielen Gewerbeflächen und Einfamilienhäusern ist alles andere als eine Grünen-Hochburg. Hier regieren die Konservativen .... Zu fünft drehten wir auf beiden Seiten der Straße unsere Kreise, um unsere gelb angestrichenen Anti-Atom-Tonnen herum, die auch hier wieder zum Einsatz kamen. Unseren grünen Sonnenschirm konnte man von Weitem gut erkennen. Aber unser Wahlprogramm mochte kaum jemand mitnehmen. Nur die Wenigsten sympathisierten mit den Ansichten der Grünen, und irgendwie hatten es ohnehin alle eilig. Die meisten fuhren mit ihrem Wagen direkt vor die Geschäfte und brausten davon, sobald sie erledigt hatten, was sie erledigen wollten. Anderthalb Stunden ging das so. Dann musste ich weiter. Zum nächsten Infostand. »So, ich muss. Ihr seid mir nicht böse, ja? Aber ich muss noch zum Rotkreuzplatz«, so verabschiedete ich mich von den Allacher Parteifreunden, die noch eine Weile ausharren wollten. Ich aber ging schnellen Schrittes zur nächstgelegenen S-Bahn-Haltestelle, fuhr ein paar Stationen mit der Schnellbahn, stieg wieder um in einen Bus, der mich zu dem Platz brachte, auf dem ich meinen allerletzten Infostand in diesem Wahlkampf zu bestreiten hatte. Das wäre fast eine kleine Feier wert gewesen, aber für so was blieb jetzt keine Zeit. Ich sah unseren grünen Tisch, den die Parteifreunde aufgebaut hatten, und den obligatorischen Sonnenschirm schon vom Bus aus. Nach einem freundlichen »Hallo« in die Runde griff ich mir einen Packen Wahlkampfmaterial und ging auf die Passanten zu, die hier besonders zahlreich den Platz querten. Im Gegensatz zu den beiden Infoständen, an denen ich gerade eben noch Wahlkampf betrieben hatte, standen wir Grünen hier nicht ohne Konkurrenz. Der Rotkreuzplatz, mit seinem Kaufhof und den vielen Geschäften drum herum, war so belebt und so groß, dass hier weitläufig die Stände der CSU, der SPD und der LINKEN aufgebaut waren. Die FDP sah ich nicht, die hatte wohl woanders Position bezogen. Alle wollten wir noch einen letzten Versuch unternehmen, Stimmen für unsere Parteien zu gewinnen. »Es ging ums Ganze!«, hatte uns unsere Wahlkampfzentrale als Marschroute mit auf die letzten Meter des Wahlkampfes gegeben ...

Neuhausen, der Stadtteil, in dem jetzt mein letzter Wahlkampfeinsatz auf der Straße stattfand, war eine Grünen-Hochburg, hier erreichten wir schon länger überdurchschnittlich gute Wahlergebnisse. Das spürte man auch daran, wie interessiert, aufgeschlossen und freundlich gesonnen uns die Leute begegneten. Die Passanten kamen auf uns zu, um über konkrete Einzelthemen zu diskutieren: über die Situation von berufstätigen Eltern, die ihre Kinder nicht betreut bekommen, über den Truppenabzug aus Afghanistan, über den Klimaschutz, die Finanzkrise und viele andere Themen, die die Menschen vor dem Wahltag umtrieben. Natürlich gab es auch hier wieder diejenigen, die auf »die Politiker« ganz allgemein schimpften. Aber der Umgang mit diesen »Politiker-sind-alle-korrupt-Kritikern«, die man bei allem Verständnis für ihre Haltung vom Gegenteil überzeugen wollte, war für mich inzwischen, nach fast einem Jahr Wahlkampf, schon ein bisschen Routine geworden.

Was man schon merkte, war: Die Wähler waren sich ihrer Macht, der Macht ihres Kreuzes auf dem Stimmzettel sehr bewusst. Und viele von ihnen wollten tatsächlich auch noch am letzten Nachmittag vor dem Wahltag von den Parteien überzeugt werden.

Um halb sechs Uhr abends – nach insgesamt fast acht Stunden lebhaften Wahlkämpfens – spürte ich, wie langsam die Erschöpfung in mir hochkroch. Die Neuhausener Parteifreunde packten das restliche Material, den Tisch und den Schirm zusammen. Wir klopften uns auf die Schulter, dankten uns gegenseitig für den engagierten Wahlkampf, wünschten uns ein gutes Wahlergebnis und verabschiedeten uns, nicht ohne uns für die Wahlparty am Abend des folgenden Wahltages zu verabreden. Nur noch wenige Stunden, dann würden wir wissen, was uns unser Wahlkampfeinsatz eingebracht haben würde.

Wie gerne hätte ich jetzt auch »Feierabend« vom Wahlkampf gehabt. Aber für mich war an diesem Abend noch nicht Schluss. Ich hatte noch eine Podiumsdiskussion im »Backstage« zu bestehen. Vorher aber fuhr ich noch mit dem Bus nach Hause für eine wenigstens kurze Verschnaufpause vor dem wahren Finale dieses Wahlkampfjahres.

KAPITEL 24
Finale Furioso –
Der allerletzte Einsatz

»Sehr geehrter Herr Brem, vielen Dank, dass Sie sich für unsere Debatte im Jugendkulturwerk Backstage zur Verfügung stellen.« Markus Peller, der Vorsitzende des Vereins für politische Jugendpartizipation (VpJ), der die Diskussion der Bundestagskandidaten im Münchner Westen mit Jugendlichen im »Backstage« veranstaltete, hatte guten Grund, mir meine Zusage so freundlich zu bestätigen. Meine Teilnahme als Grüner war nämlich eine Weile lang umstritten, weil das »Backstage« wegen der Musiker, die teilweise dort auftraten, in der Kritik stand. Dieser Musikclub, der auf einem weitläufigen Gelände Jugendclubs und Musikbühnen betrieb, hatte in der Vergangenheit wiederholt Reggae-Musiker auftreten lassen, deren Texte man mit gutem Grund als frauenfeindlich und homophob bezeichnen konnte. Und in einem solchen Club sollte nun ein grüner Politiker bei einer Diskussion auftreten? Ich überlegte lange, ob ich aus Protest gegen den geplanten Auftritt des Musikers »Sizzla« meine Beteiligung an der Debatte absagen sollte. Nach langen Überlegungen sagte ich Markus Peller aber zu. Zum einen war sein Verein, der zur Diskussion eingeladen hatte, nicht identisch mit dem »Backstage«. Zum zweiten hätte man mein Fernbleiben an der Diskussion in der Öffentlichkeit nur schwer als Protestaktion vermitteln können. In der Abschlussphase des Wahlkampfes wäre das einfach untergegangen. Und bei den Jugendlichen, die an dieser Präsentation der Bundestagskandidaten und ihrer politischen Ziele teilnehmen würden, hätte es nur Befremden ausgelöst, wenn ausgerechnet der Kandidat der Grünen gefehlt hätte.

Dass ich mich nach dem Infostand-Marathon tagsüber, quer durch meinen Wahlkreis, zu Hause noch mal hingelegt hatte, erwies sich als keine so gute Idee. Ich war einfach noch müder, als wenn ich durchgehalten hätte. Etwas angeschlagen traf ich vorm Eingang des »Backstage« meinen SPD-Mitbewerber Roland Fischer, der noch eine Zigarette rauchte, bevor es mit der Diskussion losgehen würde.

Drinnen, in dem ziemlich düsteren Raum, wo's dann auch egal war, wie müde meine Augen aussehen mochten, hatten die Jugendorganisationen der Parteien ihre Stände aufgebaut. Ich war früh dran, noch saß kaum jemand im Publikum, also stöberte ich an den Infoständen der Parteijugend nach kreativen Einfällen und unterhielt mich ein wenig mit den Vertretern der Jungsozialisten, der jungen Piraten, der Jungen Liberalen – denen hatte ich immerhin selbst mal angehört – und der Grünen Jugend. Daran, dass die Forderungen der Jungpolitiker etwas radikaler waren als die der Mutterparteien, hatte sich, wie ich in den Gesprächen und anhand des gedruckten Materials feststellen konnte, in den letzten Jahrzehnten nicht viel geändert. Nur die Themen waren andere: Freies Internet, Freigabe von Cannabis, Abschaffung von Studiengebühren ...

Nach und nach trafen die anderen Beteiligten unseres Wahlkampfquintetts aus dem Münchner Westen ein: Hans-Peter Uhl (CSU), Daniel Volk (FDP) und Henning Hintze (LINKE). Das letzte »Schaulaufen« in diesem Wahlkampf konnte beginnen.

Mein Verhältnis zu Hans-Peter Uhl, mit dem ich schon bei einer anderen Podiumsdiskussion aneinandergeraten war, wurde an diesem Abend endgültig zerrüttet. Es fing schon aggressiv an. Jeder Kandidat sollte als Eingangsstatement kurz erklären, warum man ihn wählen sollte. Als ich an der Reihe war, unterbrach mich Uhl: »Sie wollen doch gar nicht gewählt werden! Ich lese in der Zeitung, dass man Sie gar nicht wählen soll.« Da fiel mir die umstrittene Erststimmenkampagne, die wir Grünen zugunsten der SPD-Direktkandidaten öffentlich betrieben, vor die Füße. Zu der Zeitungsanzeige, die zur Wahl der Direktkandidaten der SPD ermuntert hatte, hatte ich zähneknirschend meinen Segen gegeben. Auf Hans Peter Uhls Seitenhieb blieb mir nur die Flucht nach vorne: »Herr Uhl«, konterte ich, »da haben Sie etwas missverstanden. Ich habe lediglich gesagt: Alles ist besser als Uhl wählen!« Die jugendlichen Zuhörer hatten ihren ersten Lacher, aber Uhl wandte sein Gesicht von mir weg.

Anschließend brannte das Publikum ein Feuerwerk an Fragen ab: »Wenn Sie in den Bundestag gewählt werden sollten, was können Sie konkret gegen Jugendarbeitslosigkeit unternehmen? Würden Sie im Deutschen Bundestag für die Verlängerung des Bundeswehrmandates in Afghanistan stimmen? Wie beurteilen Sie den Bologna-Prozess, wie Internetzensur?« Die Jugendlichen interessierte alles ganz genau und bei der letzten Frage wurden natürlich vor allem die Vertreter der Piraten auf der Galerie hellhörig.

»Wie löst man Ihrer Meinung nach die Finanz- und Wirtschaftskrise? Wie stehen Sie zur Atomenergie und zu Gen Food?« Diese beiden Fragen waren für mich als Kandidaten der Grünen quasi ein »Home Run«, denn die Position meiner Partei dazu war seit Jahrzehnten unverändert und klar: Atomkraftwerke abschalten. Nein zu Genmanipulation! Jedes dieser Themen traf einen Nerv im Publikum.

Jeder von uns Fünfen bemühte sich bei seinen Antworten darum, die Unterschiede zu den Mitbewerbern von den anderen

Parteien deutlich zu machen. Jeder von uns versuchte, das junge Publikum davon zu überzeugen, dass genau er und niemand sonst ihre Interessen am besten vertreten würde. Denn am Ende zählte jede Stimme!

Unvorhergesehen gab's dann noch ein zweites kleines Scharmützel zwischen mir und dem CSU-Abgeordneten Uhl. Einer der Jugendlichen hatte gefragt, wie wir Politiker zum Lissabon-Vertrag stehen würden. Hans-Peter Uhls Antwort war nicht sehr konkret. Auf die Nachfrage des Jugendlichen meinte er dann etwas genervt, er verlasse sich da auf die Meinung der Europa-Experten in seiner Fraktion. Schließlich könne er ja keine 250 Seiten eines so komplexen Vertrags lesen, das sei dann wohl doch zu viel verlangt. Diese Antwort provozierte mich zu einer Spitze gegen den altgedienten Parlamentarier (und gelernten Juristen) neben mir: »Herr Uhl, das fördert aber nicht gerade das Vertrauen Jugendlicher in die Politik. Sie sind doch schließlich Abgeordneter. Vielleicht sollte man einfach weniger Juristen in die Parlamente wählen, dann wären die Gesetze etwas kürzer und weniger kompliziert. Dann könnten auch Sie als Volksvertreter sie lesen und verstehen.« Diesen Einwurf quittierte das Publikum mit zustimmenden Lachern. Aber Uhl war sichtlich empört darüber. Die Vertreter der anderen Parteien nahmen diese letzte Auseinandersetzung des Abends leicht amüsiert (SPD und LINKE) zur Kenntnis oder versuchten sie zu ignorieren (FDP).

Für meine Frechheit folgte jedenfalls die Strafe auf dem Fuße: Uhl verabschiedete nach dem Ende der Diskussion alle auf dem Podium per Handschlag, nur mich nicht. Mir war das gleichgültig. Es war vorbei. Geschafft! Ich gönnte mir nach dem offiziellen Teil an der Theke zur Beruhigung ein Weißbier, verabschiedete mich von meinen Mitbewerbern (außer bei Herrn Uhl, der war schon weg), bestellte mir ein Taxi, und fuhr entspannt, und doch aufgeregt, heim.

Die kurze Nacht über schlief ich sehr unruhig. Ich träumte wirr und wälzte mich im Halbdämmer in meinem Bett herum. Mal wunschträumte ich von einem absolut unerwarteten Superwahlergebnis, das alle Kandidaten auf der bayerischen Landesliste von Bündnis 90/Die Grünen bis einschließlich Platz 16, also auch mich, in den Bundestag spülen würde. Mal albträumte ich, dass ich nur knapp über 5% der Stimmen in meinem Wahlkreis bekam. Welche Blamage wäre das gewesen! Mit dem Zwitscherkonzert der Vögel war dann auch diese Nacht vorbei. Der Sonntag der Wahl brach an.

KAPITEL 25
Pay Day – Der Tag der Wahl

Da ich ohnehin schon mit den Vögeln wach geworden war, kroch ich bald aus dem Bett, brühte mir einen Tee auf – mehr konnte ich an diesem Tag nicht frühstücken – und machte mich gegen neun Uhr auf den Weg in mein Wahllokal im Pestalozzi-Gymnasium, nur wenige Meter von meiner Wohnung entfernt. Erst jetzt realisierte ich, dass ich mich nicht mal selbst wählen konnte, weil ich ja in der Au, also im Wahlkreis München-Ost, wohnte. Mein Wahlkreis München West begann aber erst auf der gegenüberliegenden Isarseite. Auf dem Weg zur Schule war ich traurig darüber, dass hier – wie auch? – gar kein Wahlplakat von mir stand. Was wäre das für ein schönes Gefühl gewesen, im langen Gang der Schule, von dem aus die zu Wahllokalen umgestalteten Klassenzimmer abzweigten, Menschen zu begegnen, die gerade eben ihr Kreuz bei meinem Namen gemacht hätten. Oder die sich wenigstens daran erinnerten, dass sie dieses Gesicht doch auch schon mal auf einem Wahlplakat gesehen hatten und die einen deshalb leicht verlegen und doch mit einem Gefühl der Vertrautheit angeschaut hätten. Stattdessen betrat ich mein Wahllokal als Unbekannter. Und verließ es, nachdem ich mein Kreuz bei den Grünen und bei der Grünen-Kandidatin gemacht hatte, auch als Unbekannter.

Den Rest des Tages saß ich eher untätig in meiner Wohnung herum. Nach der Terminhektik der letzten Wochen und vor allem der letzten Tage war das vollkommen ungewohnt. Dieses terminlose Warten auf das Wahlergebnis am Abend machte mich ganz kribbelig.

Da ich nichts anderes zu tun hatte, las ich meine E-Mails und SMS, antwortete netten Menschen, die mir für den Abend und das Wahlergebnis Glück wünschten. Aber auch am Wahlsonntag ließ die Wahlkampfzentrale im Bund und in Bayern nicht locker: Unsere Bundesgeschäftsführerin und unsere Landesvorsitzende schickten an mich – und sicher noch Tausende andere – noch einen letzten Wahlaufruf aufs Handy: »Jetzt gilt's! Wählen gehen! Deine Stimme für Grün!« Aber das hatte ich schon erledigt.

Während des Wartens hatte ich auch Zeit, die letzte »Wahlkampfbotschaft« aus der Berliner Parteizentrale vom Tag zuvor zu lesen: »Wir befinden uns mitten im Kopf-an-Kopf-Rennen mit FDP und Linkspartei«, wollte uns Steffi Lemke motivieren. Die Grünen, und nicht die FDP oder LINKE, so ihr Wunsch, sollten dritte Kraft im Bundestag werden. Daher hatte sie »Wahlkampf bis morgen 17:59!« gefordert.

Gut war's. Genug der aufmunternden und auffordernden Botschaften! Ich genoss den schönen Tag auf der Terrasse, legte mich noch mal ein Stündchen hin und ging dann, mit gemischten Erwartungen, zur Wahlparty meiner Münchner Grünen.

KAPITEL 26
Der Westen wird grün

Gegen vier Uhr nachmittags hielt es mich nicht mehr zu Hause. Die ersten Hochrechnungen würden zwar erst ab 18 Uhr im Fernsehen bekannt gegeben werden, aber zur Grünen-Wahlparty war bereits ab 17 Uhr geladen. Als ich im »Stemmerhof« ankam, waren schon jede Menge anderer Grüner eingetroffen. Sie alle warteten ebenfalls gespannt auf das Ergebnis der Bundestagswahl. Aber für mich als Kandidaten war es natürlich noch mal Spannung hoch zwei. Ich schüttelte vielen meiner Parteifreunde die Hände, wir sprachen uns gegenseitig Mut zu und spekulierten gemeinsam über das, was in Kürze an Zahlen in farbigen Balkendiagrammen gezeigt werden würde. Dass an diesem Ort Bedeutsames bevorstand, bemerkte man beim Ankommen schon daran, dass der Parkplatz vollstand mit Übertragungswagen der Fernsehsender. Auch der ein oder andere Zeitungsredakteur war schon mit einem Kollegen unterwegs, um bei den Anwesenden erste O-Töne einzufangen: »Mit welchem Ergebnis rechnen Sie für die Grünen?« oder »Wird es für Rot-Grün reichen, was meinen Sie?« Ich ging den Kameras und Mikrofonen lieber aus dem Weg. Ich wollte nichts Verwegenes oder Verfängliches von mir geben. Stattdessen drängte es mich zu meinen Parteifreunden, die sich in immer größerer Zahl drinnen im Saal schon mal Plätze nahe der beiden Großleinwände gesichert hatten, um nachher nichts zu verpassen. Noch schalteten die Fernsehsender immer nur zwischen den verschiedenen Berliner Parteizentralen hin und her, fingen Stimmungsbilder ein und zeigten optimistisch dreinblickende Menschen. Ab und an gab es mal eine kurze Stellungnahme von jemandem aus dem Parteivolk. Kurz vor 18 Uhr konnte man sich in der Enge des Saales kaum mehr bewegen. Alle starrten auf die Leinwände. Die Journalisten mit ihren Mikrofonen bezogen lauernd Stellung in der Nähe bekannter Parteifunktionäre, von denen sie sich, nur wenige Minuten nach Bekanntgabe der ersten Hochrechnungen, druckreife Interpretationen dieser Trends erhofften. Man konnte den Countdown förmlich spüren: 10, 9, 8, 7, ... 3, 2, 1, 0! Schon deutete der Leiter des Wahlkampfstudios auf die Balken, die sich nun vor unser aller Augen bewegten. Erst der schwarze Balken für die Unionsparteien – über 30 Prozent, aber ein kleines Minus. Erster Jubel im Saal! Dann der rote Balken für die SPD – der hörte bei 23 Prozent auf, nach oben zu wachsen. Ein Minus von 11 Prozent! Betretene Gesichter bei uns Grünen, denn ein solcher Absturz der SPD ließ nichts Gutes für eine Neuauflage von Rot-Grün hoffen. Aber es kam noch schlimmer: Der gelbe Balken für die FDP kletterte und kletterte auf dem Bildschirm nach oben, es wollte kein Ende nehmen – über 14 Prozent. Ein Wahnsinnsplus von fast 5 Prozent. Die Stimmung gefror. Die Ersten von uns im Saal hatten sofort ausgerechnet, dass es damit locker für eine schwarz-gelbe Bundesregierung reichen würde. Das wichtigste Wahlziel hatten wir also schon mal verfehlt. Stattdessen hatte das »Dream Team« Merkel-Westerwelle die Wahl gewonnen. Aber noch blieb uns ein bisschen Hoffnung für diesen Wahlabend – bis auch diese verflog. Denn der violette Balken der LINKEN stieg auf fast 12 Prozent. Also war wohl das nächste Wahlziel verfehlt, stärker als die LINKE zu werden. Natürlich jubelten wir Grüne im »Stemmerhof« trotzig, als dann der grüne Balken, der unser Ergebnis anzeigte, bei 10,7 Prozent anlangte. Das war immerhin ein Plus von fast 3 Prozent und an und für sich ein super Ergebnis. Trotzdem schmerzte es uns, dass es nach all den Anstrengungen, den tollen Wahlkampfideen, dem Drei-Tage-wach-Schlussspurt am Ende doch nicht für einen Regierungswechsel gereicht hatte.

»Woran lag's?« Diese Frage mussten unsere Parteivorderen den Journalisten beantworten. Diese Frage beschäftigte aber auch uns, kaum dass der erste Schock überwunden war. Die Schwäche der SPD war's, trösteten wir uns einerseits. Die haltlosen Steuersenkungsversprechen der FDP waren's, schimpften wir andererseits. Zur Selbstkritik bestand für uns kein Anlass, wir Grüne hatten schließlich an Stimmen zugelegt. »Seid doch mal still!«, rief jemand in den Saal, »Claudia ist auf dem Bildschirm!« Wir hörten unsere grüne Bundesvorsitzende und bayerische Spitzenkandidatin, wie sie zwar die Niederlage im Bund einräumte, sich aber – ganz Profipolitikerin, die trotz Niederlage noch eine positive Botschaft vermitteln will – freute, dass »ihre bayerischen Grünen ein zweistelliges Ergebnis erzielt haben«. Das sei noch nie der Fall gewesen. Sie freue sich jedenfalls, dass jetzt so viele Grüne aus Bayern im Bundestag gute Opposition machen würden. Das klang schon nach einer Kampfansage an die neu gewählte Regierung.

Der Wahlabend der Münchner Grünen war damit allerdings noch lange nicht gelaufen. Ich war nicht der Einzige, der wissen wollte, wie wir in München im Detail abgeschnitten hatten. Als endlich unsere Stadtvorsitzende, Hanna Sammüller, den »Stemmerhof« betrat, machten wir ihr nur zu gerne den Weg zur Bühne frei. Sie brachte die ersten Ergebnisse aus dem Münchner Wahlamt mit. Hannas Stimme überschlug sich fast, als sie uns wissen ließ, dass wir mit dem Münchner Wahlergebnis für die Grünen weit über dem Bundes- und Landesdurchschnitt lagen (über 17 Prozent!). Endlich gab es etwas zu feiern, wenigstens für uns Münchner Grüne. Wir jubelten alle sofort hemmungslos. Mein persönliches Ergebnis – 14,6 Prozent der Erststimmen – und das Ergebnis in meinem Wahlkreis – 19,4 Prozent der Zweitstimmen – übertraf alle meine Erwartungen. Ich platzte innerlich vor Freude! Hannas Worte »Wahnsinn, Beppo, du hast das beste Ergebnis!«, klangen in meinen Ohren wie eine Fanfare. Die ganze Anspannung der letzten Monate löste sich in diesem einen Moment in pure Freude auf.

Für diesen einen Augenblick war es völlig egal, dass ich mein eigentliches Ziel, in den 17. Deutschen Bundestag gewählt zu werden, auch mit stolzen 14 Prozent nicht erreicht hatte. Ich freute mich sehr über dieses super Stimmenergebnis! So viele Menschen in München hatten unsere und meine Strapazen, die vielen Ideen, den Einsatz von uns allen, die Tage vollgepackt mit Wahlkampfterminen und die kurzen Nächte, mit einem Kreuz hinter meinem Namen oder bei Bündnis 90/Die Grünen belohnt. Applaus, sagt man, ist der Lohn der Künstler. Das Wahlergebnis ist der Lohn der Politiker.

Für jene Freunde von mir, die sich nicht so sehr mit Parteipolitik auskennen, stand an diesem Abend fest: »Nächstes Mal müssen die dich wieder aufstellen, und dann kommst du in den Bundestag!« Dass auch ein gutes Ergebnis in der Welt der Parteien kein glücklicher Vorbote für die Zukunft sein musste, merkte ich spätestens, als ich im Hintergrund eine Stimme hörte: »Mist, dann sitzt du ja nächstes Mal mir im Nacken.« Dieser grausame Satz hat mich noch lange verfolgt und beschäftigt. Da zeigte sich die hässliche Fratze der Wirklichkeit von Parteien. Aber in der Nacht des 27. September wollte ich nur mit allen anderen ausgelassen feiern.

»Der Westen leuchtet grün!« – um diese überschwängliche Überschrift und ein dickes Dankeschön mit den Wahlergebnissen in meinem Wahlkreis auf die Titelseite meiner Homepage zu schreiben, dafür reichten meine Energie und mein Hochgefühl allemal. Danach schlief ich den »Schlaf der Gerechten«, wie man so schön sagt, in jedem Fall aber den seligen Schlaf eines erschöpften, aber überglücklichen Wahlkämpfers.

KAPITEL 27
Das politische Gen

Mein Hochgefühl über den Wahlausgang in meinem Wahlkreis hielt noch einige Wochen an. Je länger aber der Wahltag zurücklag, desto stärker dominierte wieder der Alltag. Die nette Begegnung mit einer Wählerin am zweiten Weihnachtsfeiertag in der Münchner U-Bahn, die sich noch an mich als »ihren« Kandidaten erinnert hatte, war in meiner Erinnerung das letzte Mal, dass mir das Erlebnis »Bundestagswahlkampf« ein Leuchten im Gesicht bescherte. Aber: »Die Karawane zieht weiter« und der Alltag gewinnt dich nach einer kurzen Weile wieder. Silvester 2009 blickte ich mit Stolz und auch einer gewissen Wehmut zurück auf das Wahlkampfjahr. Bisher war ich einem politischen Mandat noch nie so nahe gekommen wie 2009, obwohl ich letztlich »nur« Zählkandidat war. Danach füllten meine Arbeit, mein Schatzmeisteramt bei den Grünen und meine anderen Ehrenämter wieder meine Tage, Abende und Wochenenden aus. Aber seit der Erfahrung dieses Wahlkampfes beschäftige ich mich aus ganz eigenem Interesse intensiver mit der Frage: Was macht eigentlich die Merkels, Seehofers, Steinbrücks, die Künasts und Trittins zu erfolgreichen Politikern? Was unterscheidet sie von »Herbert Huber« oder »Liesl Müller«? Und was macht sie so anders als die Chefin oder den Chef eines mittelständischen Unternehmens oder den Vorstandsvorsitzenden eines Großkonzerns?

So einzigartig, wie die meisten Menschen meinen, ist Politik eigentlich gar nicht. Im Prinzip, behaupte ich, funktioniert Politik wie vieles in unserem Privatleben und wie auf der Arbeit. Wenn sich meine Freunde mal wieder über die Politik und die Politiker beklagen, beschreibe ich ihnen gerne an Beispielen aus dem Familienleben, wie gegenwärtig politische Mechanismen in unserem Leben sind. Wenn sich zum Beispiel mehrere Familienmitglieder über eine Geburtstagsfeier für die Oma, die bald 80 wird, verständigen müssen, treffen regelmäßig verschiedene Interessen, Eitelkeiten und Geltungsbedürfnisse aufeinander. Da spiegelt sich in dem Meinungsbildungs- und Entscheidungsprozess, der gar nicht so selten in Streit mündet, ganz gut wider, wie es auch in der Politik zugeht. Nur dass dort eben sehr viel mehr Menschen beteiligt sind.

Wenn ich von meiner Arbeit erzähle, witzele ich manchmal, dass ich im Grunde auch dort Politik betreibe. Wie oft kommt es in unseren Jobs auf Diplomatie, auf den Ausgleich von Interessen, auf Machtbedürfnisse unter Kollegen oder zwischen Hierarchieebenen an!

Wenn ich dann allerdings mit meinen Chefs, die natürlich von meinem parteipolitischen Engagement wissen, über Politik spreche, erklären die mir voller Inbrunst, dass sie so etwas nie im Leben machen würden – viel zu schlecht bezahlt für einen absolut undankbaren Job!

»Von der Wirtschaft in die Politik – warum tun sie sich das an?« beschrieb erst kürzlich *ZEIT Online* zwei Werbeprofis, die sich nach einer erfolgreichen beruflichen Laufbahn um politische Ämter bewarben. Sebastian Turner soll für die CDU Stuttgarter Oberbürgermeister werden, Thomas Heilmann ist seit Januar 2012 – ebenfalls für die CDU – Berliner Justizsenator. Wenn in diesem Artikel der Satz fällt »Ein Neuling macht Politik«, dann trifft das in gewisser Weise auch auf mich zu. Aber er sollte auch nicht darüber hinwegtäuschen, dass sogenannte Quereinsteiger, die aus der Wirtschaft in die Politik wechseln, sehr, sehr selten sind. Häufiger sind schon jene

Wechsel von Vereins- und Verbandsfunktionären, nicht zu vergessen jene Gewerkschafter, die aus Führungspositionen in ihren Organisationen in die Parlamente wechseln. Beispielsweise wurden Sven Giegold von »attac« und Barbara Lochbihler, ehemalige Deutschland-Chefin von Amnesty International, von den Grünen ins Europaparlament geschickt.

Warum ist das so?

Es ist sicher nicht nur das Geld, das die Leute dazu motiviert, Politik zu machen. Ich glaube, zur Politik muss man tatsächlich geboren sein. Ich bin überzeugt davon: Es gibt so etwas wie ein politisches Gen!

Wer Politik betreiben will, muss – das ist jedenfalls meine Meinung – zunächst mal Überzeugungen haben, und er muss seine Überzeugungen durchsetzen wollen. Wie aber kommen Politiker zu ihren Überzeugungen? Claudia Roth hat in ihrem Buch »Das Politische ist privat – Erinnerungen für die Zukunft« sehr eindrucksvoll beschrieben, wie ihre Begegnungen mit Kurden, mit Lesben und Schwulen sie so geprägt haben, dass sie sich für deren Rechte einsetzen wollte. Sie hat in ihrem Buch auch sehr bewegend beschrieben, wie sie sich – leider vergeblich – als Vorsitzende des Menschenrechtsausschusses im Deutschen Bundestag in den Vereinigten Staaten für die Begnadigung zweier zum Tode verurteilter Deutscher eingesetzt hat. Das sind die Erlebnisse, die Menschen prägen und aus denen Überzeugungen wachsen.

Bei mir zum Beispiel gab es schon in früher Kindheit ein ausgeprägtes Gespür für Gerechtigkeit. Ich war immer todtraurig, wenn in einem Film Menschen ungerecht behandelt wurden. Am liebsten wäre ich dann immer in die Filmkulisse gestiegen und hätte die Opfer warnen und sie retten wollen. Gleichzeitig entwickelte ich eine Vorliebe für historische Persönlichkeiten, die für ihr Amt kämpfen mussten. Da haben es mir zum Beispiel Königin Elisabeth I. von England oder Heinrich IV. von Navarra und Frankreich besonders angetan, deren Biografien ich geradezu verschlungen habe.

Dieses »Um-etwas-kämpfen-Müssen« ist ein ganz wesentliches Merkmal politischer Arbeit. Im Beruf spielt sich das allenfalls in Führungspositionen ab, in der Politik aber ist das Streiten um die richtige Lösung, das Sich-Durchsetzen geradezu systemimmanent – ohne dieses Merkmal ist Politik nicht denkbar. Aber wer will sich schon einem solchen dauernden Wettstreit aussetzen?

Ich habe immer wieder erlebt, wie Menschen, die in ihrem Beruf erfolgreich waren und sich eines Tages entschieden haben, »etwas an die Gesellschaft zurückzugeben«, und sich deshalb »in die Politik einbringen« wollten, recht schnell wieder ausgestiegen sind, weil sie mit diesem ständigen Wettbewerb nicht zurechtgekommen sind. Wer sich in einer Partei engagieren will, wird schnell erleben, dass es häufiger darauf ankommt, Kompromisse zu schließen oder eine Mehrheit hinter seine Überzeugung zu versammeln, als darauf, die beste Lösung zu finden. Man muss lernen, dass man sich sehr oft glücklich schätzen kann, wenn man zu guter Letzt in einem Beschluss 60 % von dem wiederfindet, was man ursprünglich mal erreichen wollte. Und das fängt in der Politik nicht erst in den Führungsetagen an, sondern beginnt schon im Kleinen. Und wenn ich hier vom Wettbewerb spreche, dann meint das vor allem den parteiinternen Wettbewerb. Es gibt immer mehr Kandidaten für Abgeordnetenmandate und Führungsämter, als es Mandate und Ämter gibt. Jede und jeder ist da sehr bald ein potenzieller Konkurrent. Je höher man die politische Karriereleiter erklimmen will, desto härter werden die Bandagen, mit denen um politische Ämter gerungen wird. Jeder Politiker überlegt sich daher sehr genau, wem er was erzählt, und ganz allgemein, was er wie formuliert. Die so viel gescholtene »Politiker-Sprache«, die einer klaren Antwort auszuweichen scheint, hat genau da ihren Ursprung. Wer da nicht durch und durch davon überzeugt ist, dass er (oder sie) der bessere (die bessere) Kandidat (Kandidatin) ist, hat eigentlich schon verloren. Parteipolitik kennt da keine Gnade. Klar, auch im Berufsleben gibt es Konkurrenz und ein Hauen und Stechen auf dem Weg nach oben. Der entscheidende Unterschied ist aber: Wenn ich mich in dem einen Unternehmen nicht durchsetzen kann, dann kann ich zur Not in ein anderes wechseln. Aber Parteien gibt es nicht so viele, da ist ein erfolgversprechender Wechsel entweder gar nicht oder in den seltensten Fällen möglich. Also heißt es dort, sich intern durchzuboxen. Und wenn der SPIEGEL vor Kurzem anlässlich des Rauswurfs von Norbert Röttgen aus der Bundesregierung durch Bundeskanzlerin Merkel einen Leitartikel mit dem Titel *Unter Wölfen* überschrieben hat, beschreibt das schon nicht so ganz falsch die berüchtigte »Brutalität« des »politischen Geschäfts«.

Es gibt also einige Bestandteile, die das »politische Gen« beinhalten muss. Eines, das zwingend dazugehört, wenn man erfolgreich sein will, ist die Lust am Öffentlichen. Ich glaube meinen Freunden und meinen Arbeitskollegen uneingeschränkt, wenn die mir versichern, dass sie sich nie auf die Straßen stellen würden. Während des Wahlkampfes habe ich ja hautnah erlebt, wie sich das anfühlt, wenn man fast tagtäglich der Kritik fremder Menschen ausgeliefert ist. Auch dann, wenn du mal nicht so gut drauf bist, musst du »performen«, wie mir das mal eine Parteikollegin mit auf den Weg gegeben hat. »Immer nur lächeln, immer vergnügt sein ...« ist das Motto, wenn du für deine Partei auf die Straße gehst.

Von meiner ersten Rede, die ich als Fünfzehnjähriger in der Schule gehalten habe – damals noch ganz zittrig und nervös –

war es ein weiter Weg zum rhetorisch routinierten Politiker, der ich in den Augen mancher Parteifreunde heute bin. Ich wurde politisch, weil ich mich für die Rechte von Minderheiten, für Toleranz und Gerechtigkeit einsetzen wollte. Als Kind wollte ich der mächtige Ritter sein, eine Art Robin Hood, der die Benachteiligten rettete. Und diese kindische Träumerei habe ich mir schon bis in mein politisches Engagement heutiger Tage gerettet. Ich gebe zu, dass ich nicht frei von Eitelkeit bin. Eitelkeit gehört in der Politik zu einer Art Schutzreflex, denn Lob für die eigene Arbeit von anderen bekommt man ja extrem selten.

Was man nicht außer Acht lassen darf, ist: Eine politische Karriere verlangt unglaublich viel Zeit! Es ist sicher kein Zufall, dass so viele politische Laufbahnen während der Schüler- und Studienzeit beginnen, wo man einfach noch mehr Herr seiner Zeit und doch vergleichsweise frei von beruflichen und familiären Verpflichtungen ist. »Die Menschen haben weder das Geld noch die Zeit, um tagtäglich mitbestimmen zu können«, schrieb Nikolaus Piper jüngst in der *Süddeutschen Zeitung*, um zu erklären, »warum der Traum von der totalen Partizipation scheitern muss«. Der zeitliche Aufwand steht natürlich auch dafür, dass jeder, der sich in einer Partei zu Höherem berufen fühlt, das Vertrauen seiner Parteifreunde gewinnen muss. Letztlich ist ja die berüchtigte »Ochsentour« durch die Parteiebenen nichts anderes als eine »Tour ins Vertrauen der Partei«. Die sollen einem eines Tages zutrauen (und vertrauen), dass man die Forderungen und das Wahlprogramm der Partei im Parlament oder gar in einem Regierungsamt engagiert umsetzt. So ein Vertrauen wächst erst mit vielen Gesprächen, nach vielen gemeinsam durchgestandenen Diskussionen.

Und doch: Ich bin auch deshalb parallel zu meinem anstrengenden Berufsleben wieder in die Parteipolitik eingestiegen, weil ich eine Mission erfüllen will. Ich bin trotz allem Respekt für das, was unsere Abgeordneten auf allen Ebenen leisten, zutiefst davon überzeugt, dass Politik eben nicht nur von denen betrieben werden sollte, die von früher Jugend an und zeitlebens nichts anderes gemacht haben. Unsere repräsentative Demokratie heißt ja nicht zuletzt so, weil die Parlamente einen Querschnitt der Bevölkerung repräsentieren sollen. Ich meine auch, dass es unseren Parlamenten guttäte, wenn mehr Abgeordnete ein gehöriges Maß an Lebens- und Berufserfahrung in die Gesetzesdebatten einbrächten.

Ich mag nicht ausschließen, dass ich eines Tages aus der Politik aussteige oder aufgebe. Aber, ganz ehrlich, da müsste aus heutiger Sicht schon einiges geschehen. Ich müsste in der Partei völlig scheitern. Das kann ich nicht vorhersagen. Und auch wenn mir die Politik mit allen den beschriebenen Begleiterscheinungen manchmal unglaublich auf die Nerven geht: Es ist einfach viel zu aufregend, seinen Mitmenschen etwas Gutes zu tun, etwas durchzusetzen, von dessen Richtigkeit man felsenfest überzeugt ist, etwas Falsches zu verhindern, kurzum: zu versuchen, die Welt ein bisschen besser zu machen!

DANKE! DANKE! DANKE!
Ein Nachwort

Mit einem unübersehbaren *DANKE!* in großen Lettern quer über die Plakate werden die Wählerinnen und Wähler oft nach dem Wahltag noch mal respektvoll gegrüßt. Danke sagen möchte auch ich, nachdem alles »gelaufen« und das Buch nun in Ihren Händen ist.

Geplant war dieses Buch nicht. Wie hätte ich auch noch ein Buch schreiben sollen? Neben meiner Arbeit. Neben meiner zwei Handvoll Ehrenämter? Nun, ich hab's getan. Aber hätten nicht sogar Verlagsprofis, denen gegenüber ich jene Erlebnisse zum Besten gegeben hatte, die ich so während des Bundestagswahlkampfes 2009 erlebt hatte, immer wieder gemeint: »Das solltest du unbedingt aufschreiben«, hätte ich mir die Flausen, wirklich ein Buch zu schreiben, gar nicht erst in den Kopf gesetzt. Wen auch immer ich gefragt habe, niemand hat mir abgeraten, alle haben mich ermutigt, diese Erlebnisse aufzuschreiben. Und so wurde aus einer flüchtigen Idee greifbarer Ernst, bedrucktes Papier.

Die Warnung, dass so ein Buch viel Arbeit bedeuten würde, muss ich wohl überhört haben. Es ist wahrscheinlich kein Zufall, dass es jetzt bei Tag & Nacht erscheint, denn das Buch hat mich (und Katja Gosse, meine Lektorin) – vor allem in den letzten Wochen – wahrhaftig Tag und Nacht auf Trab gehalten und jedenfalls mir zwischendurch manche schlaflose Nacht bereitet. Es ist einfacher, Politik zu machen, als darüber zu schreiben!

Mein Dank gilt all den Menschen in der Partei und im Freundeskreis, die die Geschichten in meinem Buch gewissermaßen mitgeschrieben haben, weil ich alles das, was ich hier – oft nur in Umrissen und in Andeutungen – beschreibe, mit ihnen durchlebt habe. Es sind echte, selbst erlebte und so empfundene Geschichten.

Dass ich alle Etappen – Agentin überzeugen, Verlag überzeugen, mich selbst immer wieder aufs Neue überzeugen, zig (immer wieder verworfene und umgekrempelte) Textentwürfe schreiben – durchgehalten habe, verdanke ich vielen Menschen, denen ich an dieser Stelle danken möchte: Meinen Freunden, den »leibhaftigen« und denen auf Facebook. meinem Lebenspartner Jürgen, der so viele Abende und Wochenenden wegen des Buches auf mich verzichten musste und doch so oft die passenden und rettenden Worte fand, um mich zum Weiterschreiben anzuhalten. Meinem langjährigen Mitbewohner Stefan, der nicht nur ein Jahr lang meine Unordnung ertragen musste, während ich als Wahlkämpfer unterwegs war, sondern ohne dessen Dokumentationsmaterial – Fotos und Kurzvideos – ich mich sonst an vieles, das für dieses Buch von Bedeutung ist, gar nicht mehr erinnert hätte.

Ohne Nina Arrowsmith, meine Agentin, und ihre Mitarbeiterinnen Iris Homann und Gesa Weiss, die an mein Projekt geglaubt haben und bei denen ich bestens aufgehoben bin, wäre die Idee eine Idee geblieben.

Dr. Konstantin Wegner und Pia Odefey lotsten mich dankenswerterweise juristisch auf meinem Weg ins Autorenleben und in die Verlagswelt.

Besonderer Dank gebührt Sabine Buss, Programmleiterin bei Tag & Nacht, für ihr Vertrauen in einen »Newcomer«. Und – ich kann es nicht oft genug schreiben! – vor allen anderen Katja

Gosse, meiner Lektorin, der ich für die geduldige und umsichtige Betreuung bei der Entstehung des Manuskriptes sehr herzlich danke!

Jedes Mal, wenn ich das Manuskript gelesen habe, sind mir noch weitere Details eingefallen, die ich hätte erzählen können. Aber irgendwann ist »Deadline«. Ich danke Ihnen, meinen Leserinnen und Lesern, dafür, dass Sie sich in die Welt der Parteipolitik »entführen« lassen, und wünsche mir, dass Sie sich davon motivieren lassen.

Hermann »Beppo« Brem

Was ich fast vergessen hätte: Ich wollte dieses Buch in »geschlechtergerechter Sprache« verfassen, was aber leider an praktischen Argumenten scheiterte. Dafür bitte ich vor allem meine Leserinnen um Nachsicht.

INHALT